法國製造

法國文化關鍵詞 100

吳錫德 編著

Made in France

Fabriqué en France

〔推薦序〕

詞之歡愉 / The Joy of Lex

楊澤（作家）

每個人初學一種外國語時，常常充滿了期待、興奮之情，我的朋友說，有一年暑假，和許多外國朋友住在西班牙西部的「Salamanga」小城，一起學西班牙語。開學第一天，老師就叫每個同學畫出心目中的「Casa」，家，然後開始解釋西班牙人與各國人的家的異同，從隔間布局、室內室外的設施陳列，以及餐桌上的器皿食物，花了好幾個禮拜，去大量認識每一個重要單字，和每個單字背後的文化背景及差異。後來，還被直接帶到小城的傳統市場進行圖像教學，認識每一種活生蹦跳的魚，教大家叫出林林總總，那些魚的名字、蔬果的名字、肉類的名字。不用多久，大家就可以像當地人那樣，在餐館吃飯，讀菜單，直接點菜。

每種語文都是那麼龐大的機制，如果先學太多文法，反而無法張口說話，少了實際生活的情境接觸，少了那份具體的想像力，往往會讓人掉入泥沼，甚至永遠爬不上岸來。其實，只要學了一些基本的外文單字，就可以和人寒暄，和喜歡的人說話，比手畫腳地問路，甚至談場戀愛。如果說，中文方塊字像一顆顆，可以放在口袋裡把玩的小石子；多音節的英文，像吹過來一陣輕快的風；濃濃的西班牙語，好似騎著小馬，波浪般奔跑在山間；而法文，法文哎，無論拿來唱歌或跳舞，都再壓抑、再矜持不過了。愛情只認識一個男人或女人，而外文卻教你那個國家的一切。

其實，每個單字也都是所謂的關鍵字，「Key Words」，都是一把把鎖鑰，一扇扇的窗子，知識與生命世界的入口。也就是說，每個單字背後都是一部生活史、文化史。華人普遍的、有意識的學習大量外文，乃是上個世紀的事。外文吸收到了一個程度後，回頭去進行消化整理的工作，就便成了這個世紀的重要功課了。我記得當年，《*The Joy of Sex*》出版問世所造成的那份轟動；沒有過了多久，就有人拿它書名作文章，出了《*The Joy of Lex*》。「Sex」大家知道是什麼，「Lex」指的是，英文的「Lexicon」，法文的「Lexique」，也就是辭彙、辭海的意思。

　　在我看來，「Sex」的愉悅，相對於「Lex」所可能提供的，種種知性與感性的快樂，不免有種小巫見大巫之感。後者不單爲我們打開了一個新奇美麗的新世界，而且是一個「Manifique」，華麗莊嚴的新世界。學通至少一種外文的人應該都會同意：字認多了，不單外文說得好，而且收穫良多。如果還是拿愛做比喻，這也是一種最棒的交流與交換，不單讓我們得以進入對方世界，同時讓我們回頭再看看自己，重新確認自己的世界與世界觀，增加自己認識他人、和世界對話的，種種知性與感性的辭彙。

〔2024年三版作者序〕

法國文化關鍵詞 No. 101

　　多年前，學校同事宋亞克老師在輔仁大學法文系兼課，有一回很神祕地邀我到她的課堂上觀摩，因為她採用了我的《法國製造》這本書當教材。我欣然接受如期赴約。那是個夜間的選修課，學生三十餘人，二三人一組輪流上台報告。唯一的要求是，選一個這本書沒提到的法國文化關鍵詞做報告。同學們事前經過小組討論，上台很賣力的解說，配合圖文及心得，個個精彩萬分。有幾個詞我還滿遺憾當初怎麼沒能選上。總之，這種互動式的學習頗能引發同學的興趣，成效也就不言而喻。

　　事實上，在更早之前，我也曾在任教的淡江大學法文系採用過，要求同學選一個我書中沒提及的文化關鍵詞，做一份書面報告，當作期中成績。因為當初是60-70人的大班課，不容許我做小組的口頭報告。當然用心投入的同學便寫得精彩，我還特地留下幾個我掛漏的詞，隨便張貼應付的也大有人在。不過，我的用意是，至少讓同學去翻閱這本書，看看如何收集及

整理，或至少知道有這本書存在，日後想起來也會去找來閱
讀。出乎我意料之外的是，期末學期評量時，竟然有一二位同
學抱怨寫著：老師在課堂上「推銷」自己寫的書！

說實話，我並沒有強迫他（她）們去買，或者團購，況且
學校圖書館也有三四本可供借閱。

儘管如此，這本輕鬆的文化筆記還是頗受歡迎。若加上先
前的彩色插畫版，二個版本合計也銷售了8,000本以上。另
外，大陸北京三聯出版集團也簽下簡體字版，賣出了8,000
本。好幾回，我又如法炮製在課堂上「推銷」這本書。結果看
過此書的同學幾乎只是小貓二三隻，有些班級甚至連一個舉手
都沒有。這證明這本書的潛在市場還是有的。接著，我也提醒
法文系的同學，這本書至少已有15000人看過，作為法文系的
本科生，如果別人所知道的法國文化比你（妳）還多，該如何
自容？況且這本書的作者還是你們的任課老師！

從「法國女人」說起

當初並沒有打算出版第二輯的《法國製造》，但我還是信
手拈來寫了幾則，「女人」（Femme）一詞便是很早就寫
好的：

　　基本上，法國是出產氣質美女的地方，這點已夠讓世界各地的人羨煞。但法國男人似乎無感，這就更讓全世界的男人氣結。法國作家、法蘭西學院院士莫洛亞（André Maurois）甚至開出條件這樣要求法國女人：「有著致命吸引力的絕世美女（femme fatale）、巾幗女戰士、無懈可擊的賢內助，兼令人心花怒放的情人。」傳統上，法國人是相當尊重女性的。十七世紀名劇作家莫里哀（Molière）早就把女人定調：楚楚動人、孺子可教，如《太太學堂》（L'École des femmes）；才智出眾、賢內幫夫，如《女博士》（Les femmes savantes）。許多法國男人還明顯有著戀母情結的基因，這可從不少作家對其母親的親密及懷念書寫看出端倪。

　　法文裡對女性的肯定遠遠超過歧視。譬如：「Ce que femme veut, Dieu le veut.」（女人想要的，沒有做不成的。）、「femme d'affaires」（企業女強人）等。總的來說，在私領域方面，法國女人是受到相當的敬重的。但卻直到1945年法國成年婦女才有權投票！1949年，沙特的終身伴侶西蒙波娃（Simone de Beauvoir）也憤憤不平寫下《第二性》（Le Deuxième Sexe）。從文學、歷史、社會學、生物學和醫學多方面舉例分析。指出沒有一個女人的命運是預先規劃好的，「第二」性別是被社會規範出來的。這本當代婦女運動的「聖經」

不僅控訴男人對於女人的歧視、卑鄙，甚至殘忍的所作所為。同時也指出法國女人對於自己弱勢地位也有不可推卸的責任，波娃認為她們被動、屈服、缺乏雄心。最後，直到1970年法國才組成「婦女解放運動」（Mouvement de Libération des femmes）。但總是雷聲大雨點小，法國女人還是寧為女人。

提到法國女人，大概沒有人會錯過碧姬‧芭杜（Brigitte Bardot）。她是1960年代紅透半邊天的法國性感尤物（femme-objet）。天真美艷、雙峰高聳，加上作風大膽，一襲比基尼悠閒漫步。或如成名作《上帝創造女人》（*Et Dieu, créa la femme*），在沙灘上若隱若現展露傲人酥胸，使她成了那個時代全世界男人的夢中情人。據估算，其品牌外匯超過法國汽車標緻公司的總收益！讓她躍升為「一國之選」，與總統戴高樂及大哲學家沙特同級，即一個人便足以代表法國，尤其是法國女人的形象。戴高樂甚至請她代言「國母」瑪麗安（Marianne）。她足以媲美當時大西洋彼岸的大美女瑪麗蓮‧夢露，徹底滿足男人關於所有女性的所有幻想。

法國女人給人第一眼的感受絕對不同於美國女人！。試比較兩位大西洋岸的美女瑪麗蓮‧夢露（Marilyn Monroe）雖然看來更細緻些，但相形之下，碧姬‧芭杜（Brigitte Bardot）更顯得自由自在，既任性又自信，更顯親近。我有一位同班同

學，留學瑞士及法國後，決定在法國定居，娶了一位同樣留學生的台灣小姐，生了三個千金，一家五口就擠在20坪不到的公寓裡。所幸小女孩們適應力極強，上學後很快融入法國的學校生活，成績也相當優異。早年一家五口難得回台探親，那光景狼狽又有點兒寒磣，半點兒也不像僑居花都巴黎應有的門面和舉止。相隔五、六年，再看到這三位千金，不僅一口道地的巴黎腔，長得亭亭玉立，尤其她們的裝扮端莊有型。更難得的是，還流露出少見的自信風采。雖然是亞洲人面孔，在我看來卻是如假包換的「巴黎女人」！她們的穿著不像美國那樣隨便又隨興，也不像英國那樣拘謹又講排場，或者像其他歐洲國家那樣穿不出自己的風格。總之，他們仨就是所謂「法國式」的美少女，那是法國美學潛移默化的產品。

令人稱羨的書香社會

很多人可能不知道，法國高中是要上哲學課的。會考各組也都有不同的哲學試題要作答，這也應該就是法國人一般都很有思辨能力。這個國度是個「講理」的社會。初到法國留學，看到大街小巷咖啡館林立，甚感詫異。殊不知，這裡不僅賣咖啡提神，三百多年來，這裡一直都是人們交誼及溝通的場所。有歷史學家研究發現，咖啡館才是1789年法國爆發大革命的引爆點。法國的咖啡館不僅可供清談、扯淡，更是各類知識及資

訊的交流中心。法國人好辯，也幾乎都是在咖啡館裡訓練出來的。

　　法國人愛閱讀、愛書是出了名的。巴黎拉丁區書店林立，不亞於咖啡館。有連鎖書店大賣場法雅客（FANC），在那兒可以買到任何想買的書。也有形形色色的獨立書店、主題書店，還有四處可見的二手舊書店。塞納河畔的舊書攤，有著超過四百多年的歷史，既賣舊書報，也賣風景。所有在巴黎住過，或過客，幾乎沒有人會略過這個美麗的河岸景點。或閒逛，或翻閱一下舊書，或單純的看看那些帶著濃濃書卷味的老闆與顧客的互動，或者無意間買到心儀已久，被別人已翻閱無數的珍貴書籍。只是，最近法國為舉辦2024年奧運，居然異想天開的想暫時撤走它們，以免影響奧運期間的市容與交通。此方案如果確立，相信憤怒的法國人一定群起革命。

　　法國人愛書更具體表現在他們時時刻刻手不釋卷的精神，無論搭地鐵、坐公車、公園休憩、排隊等候，或者行走中有著片刻的空檔都會捧讀書本 （就像智慧型手機時代的低頭族那樣）。當然他們是先買到書，仔細閱讀，然後再到咖啡館，或與親友餐聚時提出來討論，或交換意見。書店及圖書館便成了他們不可或缺、真正的精神食糧所在。這樣的書香氛圍不知羨煞多少國外的文化人及出版業者。

　　法國的電視台也扮演著舉足輕重的媒介角色。我們很難想像在這個國度裡，每逢周末，除了幾場重要的足球大賽會分食到部分的觀眾外，收視率最高的節目，既不是無厘頭的綜藝節目，也不是電視影集，或者八點檔的肥皂劇，而是「書藝談」（Apostrophes）、「文化湧泡」（Bouillon de culture），及「大書齋」（La Grande Librairie）這類的書評書目討論節目。此外，還有定期播出製作嚴謹的歷史檔案紀錄片及評論。他們也引進部分外國影片，但比例絕不會超過法國國產片，而且一律配音為法語。初期觀看這些影片總會覺得卡卡的，但瞭解法國政府的用心就釋懷多了。想聽原文發音的人，大可以直接透過衛星電視台去觀看外國影片！法國政府有信心，也要讓法國人對法文有信心，才會花錢大費周章的配音。在法國，如果有人膽敢奢言推動「雙語政策」（當然是獨尊英語），一定會被視為異類。他們採取的是「多語學習」，而且從中學便開始。總之，法國堪稱是當今之世最重視文藝活動，最珍視他們的國語，以及最戮力「拚文化」的國家。他們是以「文化凝聚」、「法語至上」做為國家認同的優先標準。

　　事實上，法國政府努力的方向就是將社會提升為一個活的圖書館，讓文化和知識在其間順利流通，讓民眾隨時隨地都能浸潤在終身學習當中。它們推動「閱讀節」促進閱讀活動，提高閱讀樂趣，也撥列了很多文化預算，以提升民眾的學養，如

普發「文化禮券」等等。在如此風氣下，每個家庭也會重視閱讀，提撥更多的預算購買文化產品，或文化消費。曾有一位作家兼教授，代表生態綠黨參選總統。他提出的口號是：「閱讀會讓人致富，卻不會傷害任何人！」確實妙不可言，且還真挺環保的。總之，在法國，真正的「學校」乃是他們的社會，尤其是到處林立的書店，即便網路興起、數位資訊來勢洶洶、電子書籍開始流行、書店來客率降低等等，但卻不能教法國人放棄閱讀。將來一旦實體書店被迫黯然熄燈，法國人也必定力爭到底，去捍衛他們做為人的基本權利！

「複製」法國文化？

　　文化養成最理想的方式就是採行浸潤式的方式，讓人隨時隨地耳濡目染，並設法在自己身上化成為一種氣質。刻意的模仿或照單全收是收不到效果的，有時還會出現一些光怪陸離的反效果，甚至被自己的母體文化視為不倫不類。

　　思慕他國精緻文化必須先認清它的根源，首先便是他們的立國精神。兩百多年前法國大革命所揭櫫的：自由、平等、博愛，一直都是法國社會，尤其是教育體系奉為圭臬的核心價值。爾來因穆斯林信眾大批移入，部分也是為了防堵宗教狂熱的恐攻行為，遂增添了一項「世俗化」（laïcité）精神，強調

去宗教化。此外，法國社會的價值觀一向多元，當中尊重容忍、自由開放更是不可或缺的基本價值。再者，落實美育及鼓勵創意，更直接涉及到個體的自我發展，當然也會帶動社會的進步與繁榮。總之，新一代的法國年輕人自幼即被家庭、學校及社會灌輸這些理念。他們唯一抱憾的是，老一輩的當權者不肯放大心胸，大刀闊斧的改革，設計出更適合生存及競爭的新社會。曾有一位法國的年輕網紅，待在中國一陣子，已經習慣了沒有錢幣交易的日子，大聲疾呼法國太落伍了。但老一代的銀行業主，以及龐大的金融從業人員怎能會輕易放手？以及誰會去關心將來自己日常生活的每一筆交易都會攤在陽光下，任人隨意瀏覽。

　　法國一向缺乏人丁，但年輕人外移應是未來的隱憂。主因在於許多法國企業跟不上數位化發展、開創力停滯、國際競爭力不斷下滑，許多有抱負的年輕人只得飄洋過海，到市場熱點尋找發展。他（她）們的首選是英國，其次是亞洲，尤其中國大陸。這批年輕法國人或許成了法國文化向外傳播的種子部隊，但停滯的祖國有朝一日可能淪為靠祖宗遺產過活的觀光旅遊大國，像貧窮的希臘或葡萄牙。我有一位學生娶了法國女人為妻，選在法國二線城市落戶。他比較了台法兩地同一家體育用品大賣場的就業環境，很感慨的說，法國年輕人幾乎不識服務為何物，薪資算高，但非常不具競爭力（譬如，每周只工作

35小時，絕少肯加班，每年還有四星期的年假，而且隨時都在罷工…）。其他行業也相去無幾！

　　20世紀的法國一向自詡是全世界苦難者的庇護所，收容了許多來自世界各地的難民。加上社會富裕且自由開放，尤其文藝領域，確實吸引不少國外一流藝術家的投靠。單單美術界著名的「巴黎畫派」幾乎一半以上的大畫家都有著外國的身影。50年代，因經濟發展快速，勞力人口需求孔急，又大舉自前殖民地引進大量外籍勞工（大部分來自信奉回教的阿拉伯人及非洲人）。這些低階的勞動者奉獻給法國的貢獻亦不容小覷。但法國還是不斷需要更多的人力。因此，只要你有些許才華或專長，而且也願意提出申請，你都很容易被接受。它的門檻很低：略通法文，上個幾堂基本講習課，簽下「社會融合契約」便可以入籍法國。不像美國、加拿大，或其他國家，你得準備一筆龐大的資金，去申辦「投資移民」，還得經過層層面試。

　　如此多元文化、多種族融合的結果，也讓當前法國的形象出現微妙的變化。除了傳統北方哥特族及南方高盧族的歐洲人面孔外，政治界、影視圈、藝文界、體育活動等一些傑出的混血面孔如雨後春筍般嶄露頭角。當中尤以足球項目（那是法國最風靡的體育活動）最為明顯，各地職業足球隊幾乎有半數為非白人面孔。足球國家代表隊一字排開，幾乎快找不到傳統法

國人的面孔，法國國腳一直都是國際大賽中「色彩最多」的隊伍。

　　文化的屬性就是「標新立異」，而且還特意與他者區隔，如此才好將它稱之爲自身的文化。所以複製別人的文化是無意義的。但文化交融卻是與人類歷史一樣悠久，甚至就是人類文明的主要動力。透過觀摩和學習，去蕪存菁，或師夷長技，化爲己有，然後精益求精，開創新局。人類文明的進展便是循著此一不斷學習、吸納、創新的過程，緩緩徐行，或突飛猛進。人類歷史上的文明（即沉澱下來的文化）也有著興衰起伏。「文化熱點」總會吸引邊陲地區的學習，或者自然而然的輻射到他們身上，而共同形成另一個更大的文化區域。一旦某個「文化熱點」因故喪失了生機，缺乏了新意，便會逐漸沉淪。周邊國度的文化便可輕易取而代之，成爲另一個「文化熱點」，如此反覆循環。法國得天獨厚，擁有不斷的生機，所以亮麗持久。這便是出版此書的用意。我們竭誠的邀請讀者，將每個關鍵詞當作一則輕鬆有趣的法國人民生活史，去瞭解這個文化的流傳和發展，就像觀賞天上的星星那樣靜思，各自做出自己的回應和思考，便足以。是爲新序。

2024.01 台北

〔**2010**年二版作者序〕

都是法國惹的禍……

　　很多人想到，或做起某個「壯舉」，都會想到西元前47年，凱撒在澤拉（Zéla）戰役中快速擊潰本都國王法爾納克二世之後，寫給羅馬元老院的著名捷報：「*Vini, Vidi, Vici.*」（我來了，我見了，我征服了）。當年，我飛到法國求學，頭一天，朋友就帶我到巴黎凱旋門一遊。當時豪氣萬千，心底想的就是這句話。沒想到四分之一世紀匆匆而過，我並沒能征服法國！對於它，我可能比別人多知道一點兒，多瞭解他們的習性，多一點兒對他們的喜愛及同情，但我真的不夠認識這個國家及這個人民，更遑論他們的文化。縱令我在法文系教了20多年的書，備課、教學、研究、出版等等一樣也沒少，但我還一直都在學習。現今，我心底想的是，何時我才能放下這個擔子？這實在是老天爺開的大玩笑，也是祂與法國串通好的「大陰謀」！

　　巴黎是那麼的美，如果說這座千年古城是世上最美、最迷人、最有韻味、最有驚喜、最適合人住的城市，很多人應該都不會反對吧。而我一住就六年！法國是那麼的豐富，那麼的多采，無論是物質的，還是精神的，無論是它的美食，還是它的景色，無論是它的顏色，還是它的線條，也無論是它的氣味，或者髒亂……。這一切都是那麼熟悉、那麼井然有序、那麼令人難以忘懷……。總之，它的一切美好、甚至所有的惡，都是講也講不完的。到頭來，我發現我不但沒有「征服」法國，反而是它「征服」了我。這難道不是法國惹的禍嗎？

　　是的，我竟然心甘情願成了它的「馬前卒」，自願請纓做它的「代言人」。我用了他們的思維，染上了他們的狡辯，替他們辯解。我也用了他們的視界，看事、論事，甚至批判起自己的祖國，因為這是「他鄉之眼」，我想我的祖國需要它……。我雖然不至於「數典忘祖」，但它的許多美好為什麼不讓我的同胞共霑共享呢？此刻，我幾乎已經成了那個不受歡迎，避之唯恐不及的「傳教士」。它的語言是那麼的動聽，那麼清楚、清晰、明確。那是世上最適合談情說愛的語言！那裡的女人是多麼的婉約，多麼多情，又那麼自信，那麼有氣質。連那裡的男人也那麼有文化底子，有內涵，那麼體貼，那麼溫和，讓許多美女都為之神魂顛倒。還有那裡的美食，即便是我留學歸國後才陸續發現的，時時刻刻想起來都會食指大動。更

不消說它那瓊漿玉液般的美酒，不知伴我多少良宵，多少傲骨與雄心……。我是如此引爲「至福」，像海明威，像徐志摩，也如此的「虛榮」──只因爲我留學法國，略知法國二三事。坦白說，我並沒有後悔當初的「壯舉」，有時還自覺「高人一等」，我懷著寬厚的心情，「寬恕」那些少了這份文化洗禮的人們……。這些難道不都是法國害的嗎？

　　《法國製造》三年前出版，配有精美彩色插圖，很快就銷售一空。出版社一再叮嚀增訂再版。因研究工作纏身，拖延至今。費月餘重新核訂，並增加一倍新資料與內容，並抽換十餘則關鍵詞，期能更完整呈現本人的「文化觀察」，以饗向隅的讀者。在此一併向已閱讀過的朋友致歉：更訂版會比首版更有料！總之，希望讀者透過閱讀此書，更能清楚掌握法蘭西當前生活文化的新面貌。

2010.01 台北

〔**2006**年初版作者序〕
遇見法文，撞見不一樣的文化

　　法國文化是否博大精深？見仁見智。但輕巧歡愉，創意十足，爲世人所公認。法國語言是否悅耳動聽？也因人而異。但它清楚明確，抑揚頓挫，直教人樂於吟誦。若能雙管齊下，相信便已能登堂入室，一窺法蘭西文化的奧秘。

　　根據著名法國語言學家阿杰爾（Claude Hagère）的統計，目前法文裡借自英文的用詞只占其總詞彙的0.5％。16及18世紀之際，英文曾兩度大量引進法國，約有700個字根是源自莎士比亞的語言。20世紀，某些科技新詞及大眾文化用語也大舉湧進法國。不過，法國對於外來語的流通，反應似乎激進了些。譬如：1549年成立「保護及發揚法蘭西語言協會」、1635年設立「法蘭西學院」，負責監督法語的純粹使用。1994年還通過《關於法語的使用法》，嚴禁法國人不得任意使用外來語云云。

　　相對的，法文挾其國威、地理優勢、文化創意及深度，卻源源不斷地輸往其他國家。根據美國的法語教師協會統計，今日美語中有近三分之一直接或間接借用自法文；且一個美國人即使沒學過法文，也懂得大約15,000個來自法文的外來語。另根據美國學者肯特（R. G. Kent）的統計，在兩萬個基本英語詞彙中，當中就有36%是源自法語。

　　當今之世，英語儼然已是世界通用語。不過，根據《英語帝國》（*English as a Global Language*）的作者克里斯托（David Crystal）的觀點，英語的膚淺化及庸俗化極可能像歷史上曾經有過的通用語「lingua franca」那般，逐漸貧血，甚至邁向死亡。因為英語裡包含了太多不易沉澱，不易化約為抽象精神的元素。換言之，法文因有較長的文化沉澱，而能保有較佳的文化生機。

　　一般而言，法國人恃才傲物，卻又熱中新事物，所以能一直保持某種文化創新的恐怖平衡。當中，法國人捍衛他們的語言及文化的作為也幾乎到了歇斯底里的地步。英國暢銷作家、《山居歲月》（*Une année en Provence*）的作者彼得‧梅爾（Peter Mayle）調侃說道：「法國人一旦碰上好東西，絕對搶著占為己有，很自然地給它安了個法國名稱，並一秉他們謙虛的民族性，將其奉為國寶，直到今日。」原籍匈牙利的法國著

名思想家克莉斯蒂娃（Julia Kristeva）也感慨：「法國人過的是一種既優雅又粗暴的法國式生活⋯⋯。」一對加拿大研究者納多（Jean-Benoit Nadeau）夫婦寫下了一本討論法國人特殊心態的專書，題目是《6,000萬個法國人錯不了》。另外，兩位英國人亞普（Nick Yapp）和賽雷特（Michel Syrett）甚至直言：「在這個國度裡人人都是哲學家！」換言之，當今法國住了6,000萬個哲學家。最後，他們倆下了一個結論說：「法國人的傲慢之所以為人所容忍，因為它是建立在一種很高的品味上！」

一位台灣的業餘「哈法」作家孫瑋芒深得箇中三昧的指出：「法國文化最迷人之處是優雅，最眩目的是激情。」的確，英國著名「法國通」澤爾汀（Theodore Zeldin）就曾在1970年代陸續寫成五大冊討論「法國激情」的專書，當中「愛情」只占了一小部份，其他的還包括：野心、驕傲、智力、品味、墮落、憤慨、政治、焦慮、偽善等等激情。這位權威的法國專家還出版一本暢銷書《法國人》（*The French*, 1982），他在書裡總結出一句名言：「所有的人都喜歡法國，但都討厭法國人！」這話言之鑿鑿，一點兒也不造假，讓許多法國人聽了啞口無言。他還一針見血地說：「若想要學做法國人，首先就得學會做作！」

　　出版本書的目的，就是邀請讀者一塊漫遊這100個關鍵詞的故事，檢視不同的視角，深入法蘭西這片既陌生又熟悉的異文化；然後自由翱翔，欣賞它們的繽紛多采。至於能否懾服傲慢不羈的法國人，那就端視你能否懂得比他們還多，過得比他們還像法國人！

　　這本集子裡所收錄的100個關鍵詞彙，當中幾乎有半數可在英文詞典裡查尋得到。每個詞彙都盡可能以最精簡壓縮的篇幅，從語源學、語用學，及社會語言學出發，讓它們更真實、更原本，更貼切地呈現它們的使用和文化意涵。編著者最大的期許，無非就是嘗試讓一直徘徊在法國文化大門外的眾生，一塊予以「祛魅」，進而「解惑」。如此也才好讓巴黎名牌的愛用者覓得知音，讓法蘭西思潮的崇拜者相知相惜，讓法國美食的老饕吃出文化，讓「左岸咖啡」的迷途者走出幻覺，讓「花都迷情」的粉絲驀地回首……。總之，就是要讓所有「哈法族」理直氣壯！

2006.01 台北

〔目 錄〕

Amour〔阿慕兒〕
愛情

「Amour」（愛情）在法文裡用意極廣，它源於拉丁字「*amor*」，在古法文裡即已有「對宗教的虔敬、家庭的愛、眷戀、愛戀及博愛」等意思。外界經常認為法國人「感情充沛」，但卻不似其他拉丁民族那樣衝動入骨，也不像條頓民族那樣冷漠做作。此外，法國人也一向是個務實的戀人，他（她）們可一邊激情地享受愛情，一邊理智地討論愛情。在膾炙人口的歌劇《卡門》（Carmen）裡，作曲家比才（Georges Bizet）不就說：「愛情是一隻放蕩不羈的小鳥！」卡門不也高唱：「愛情像個流浪孩子，從不會規規矩矩；如果你不愛我，我偏會愛你；如果我愛上了你，那你就得小心！」

羅蘭・巴特說：「我愛你！」（*Je t'aime !*）包含了性愛和母愛。但即便在卿卿我我的情境裡，這句話也只不過是沒話找話說的一種「演示」。不過，如果對方拒絕了這個呼喚，這打擊可就大矣！他總結說，「我愛你！」是一種宣洩，像情欲亢奮時，情緒發洩不必非得訴諸語言，但說出它卻能表達一切。

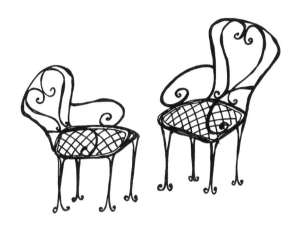

　　法國男人一向給人殷勤、體貼的形象。不過,有時也表現得太過陰柔。雖說文雅,但又未免做作些,令人有著戀母情結及耽迷色欲的觀感。實則,他們是受到早期「騎士時代」(chevalerie)女尊男卑的風氣影響。彼時貴族少男皆得「認養」一位貴夫人,與其同住,時刻服侍她,認她為主人、導師、母親,乃至打從心底的崇拜及愛慕的對象,如此才能養成「騎士」的風範。加以,法國人一向視財富為上天早已安排好的定數,無須刻意去營求。反之,愛情則須努力去爭取(此點正好與我們的社會觀念相反)。所以追求愛情一向就是法國人,無分男女,在人世間一項重要的工作。他(她)時刻都在放電,甚至不放過已婚的心儀對象,還認為那是世間最美麗的一場競賽!

Atelier〔阿得里耶〕
工作坊

　　「Atelier」（工作坊），原意爲集木場，後轉爲木工工場
或其他勞動工作場。1563年起逐漸轉變成手工藝者工作坊，及
藝術家工作室，或集體工場，如法國大革命期間的「公共工
場」（atelier public）。19世紀中葉，法國工商形態步向工業
化，王政的復辟政府爲收編流民，在各地大量興建大型「國家
工場」（atelier national）。這個字也被用爲學術或戲劇表演的
「小組討論會」或「實驗發表會」，以及地下社團共濟會的
「聚會所」等等。

　　現代意義的「atelier」，指的是藝術家個人「工作室」，
如畫室、雕刻室、攝影棚 —— 此 處 相 當 於 英 語 裡 的
「Studio」。但也不限於「個人」，也可以指由某位藝術大師
帶領一群子弟共同經營某個「工作坊」。台灣的「工作室」一
詞用法正方興未艾，美容師、設計師、美術編輯，以及藝術個
體戶都希望能有個屬於自己的「個人」工作室，也都樂於採用
這個既浪漫，又實在的詞彙。而且隨著網際網路的便捷化，相

信未來將會有更多沒有固定辦公地點的的行業轉型為「個人工作室」。

　　近來，這個概念也流行到高檔的消費市場，許多奢華的餐廳（尤其是日式餐館）相繼推出為客人「量身訂做」的客製化菜餚，或由主廚專程選定特別推薦的菜款，並安排主廚當場做秀料理炊製。甫登台的法國米其林級的連鎖名店「侯布雄餐坊」（L'atelier de Joël Robuchon）也以此為噱頭。廚師與顧客做最近距離的接觸，當場料理並解說每樣食材的特色，每道菜餚的口感。簡言之，就是當場示範做解說員，教客人如何做、如何吃，以及如何稱讚。許多生態、餐館體驗農場也興起這種強調主人個人化的服務，讓顧客更有賓至如歸的感覺。總之，「工作坊」原是工業革命的推手，如今搖身一變成了反工業化的旗手！

Au pair〔歐佩爾〕
寄宿幫傭

　　「Pair」原指「同輩、同儕」，也指「貴族院議員、重臣」。「hors pair」則是「無與倫比；獨一無二」之意。18世紀起轉為金融用語，指「面值、平價」。後來專指雇主僅提供膳宿，而不支薪的工作（travail au pair）。不過，有些雇主會象徵性地提供些許的零用錢。19世紀初，富裕的法國家庭開始以提供膳宿做為交換，聘用外籍學生（多為英國和德國女孩），擔任家教（外語教師）、照顧年幼子女，或協助家務，而有了「寄宿幫傭少女」（jeune fille au pair）這一新行業。巴爾札克（Honoré de Balzac）已將這個新興行業寫進他的小說《比哀藍特》（*Pierrette*, 1840）。

　　在物價高昂且住屋條件一向緊張的巴黎，此勞資交易模式十分誘人，也是一項極佳的留學方式，而延續迄今。英語世界亦發行指南和須知，甚至出現小說日記，及浪漫輕佻的電影：「*The Au Pair Girls*」（1972）。現今網際網路上亦有專門網站提供這類跨國「勤工儉學」的工作機會，雙方只要談妥工作內

容及時數，即可成交，是當下極佳的「打工」機會。寄宿幫傭不僅擁有較多可自我支配的時間，也可深入到寄宿家庭，與之平等互動，學習他們的語言及文化。

　　不同於英語世界裡的「家庭寄宿」（Home-Stay），法國的「fille au pair」除了提供某些勞務外，大多不與主人同住一室，而是住在頂樓的「女傭房」（chambre des bonnes）。這裡「bonne」意指「包攬主人全部家務的女傭」。另外，「domestique」亦是「女僕」之意，不過，做的活兒會比女傭高檔些。至於「按時計酬的女傭」（femme de ménage）亦不同於「寄宿幫傭」。對於後者，主人往往以「賓客」相待，甚至視為家庭的成員之一。不過，「女傭房」極為狹窄，只夠「容身」，一張床、一張桌，即已占去大半空間。衛浴間也遠在房外，又簡陋不堪，絕不要有過份期待！

Avant-garde〔阿旺加得〕
前衛

　　「Avant-garde」（前衛）原是軍事用語，指先頭部隊或先遣隊。中國大陸地區一直延用「先鋒」譯名，即可見端倪。1830年，社會學家聖西蒙（Saint-Simon）最早將它借用至文化及藝術領域，法國著名史家米什萊（J. Michelet）亦將此詞用於思想領域，他曾寫下：亞維儂（指「第二個教皇城」）作為一個小羅馬，是自由之戰的「先驅」。後來專指起至19世紀末的藝術風格，主要表現在對現存美學觀念的反抗，並標榜某種革新與原創性的實踐。

　　在這股狂飆的風氣下，「前衛」即代表著叛逆、顛覆及進步，它幾乎成了20世紀前半葉西方藝術表現的主流，舉凡美術上的構成主義、立體派、達達主義、表現主義、未來主義等等，都麇集在它的麾下。更早的還有印象派的開疆闢土，以及詩作上的頹廢派、前衛派、印象派，以及稍晚的超現實主義等等。在電影藝術上，它更是所有「實驗電影」的代名詞。戲劇上的「新戲劇」，文學上的「新小說」也都承襲了它的「革

命」精神。政治上的「前衛主義」指的則是一種過於激進的政
治立場。

　　「前衛」此一概念，可說成功地帶領了一場不流血的「文
化大革命」。它與「現代性」（modernité）或「現代主義」
（modernisme）經常被視爲一體，相互爲用。但隨著革命衝動
的式微、社會的多元發展，尤其前衛風格本身的建制化，反而
成爲被批判及推翻的對象。總之，21世紀的藝術家已較少會去
追隨「前衛」，也放棄了「革命」及「破壞」。人們玩起了
「解構」遊戲，寧可心平氣和地去表現「另類」（alternative），
讓「創意」替代「革命」，讓「通俗」感動「小眾」，視「學
說」如敝屣。總之，不變的是，「前衛」一直都是「反學院
派」的。

Beaujolais 〔薄酒萊〕
薄酒萊

　　「Beaujolais Nouveau」（薄酒萊新酒）是國際間最近幾年流行的法國新玩意，也是法國駐各地食品協會大力推薦的強檔食品。幾年前引進台灣，造成不少轟動，起初譯成「博久萊」，後經友人改譯爲「薄酒萊」，才算音意俱佳。因爲它確實是一種強力催化發酵的「薄酒」（所以不宜久存，也不宜多飲），且「萊」與「來」諧音，旨在促銷，好似酒肆豪客的吆喝聲……。

　　「薄酒萊新酒」亦稱「Beaujolais Primeur」是法國境內唯一使用嘉美葡萄（Gamay）爲原料製造葡萄酒的產區，以特殊的二氧化碳浸泡法發酵，且不經橡木桶陳年，或只是短暫存放之後就裝瓶發售。每年9月11日之後才能裝桶釀造，10月初製作完成，接著便進行裝瓶及配銷作業。1985年法國政府強力介入，規定每年11月第三個週四統一上市，並大力向外推銷，製造話題，設計新穎酒籤，終令各國都會人士趨之若鶩。其產量半數（5,500萬瓶）銷往海外，以德、日、澳洲爲最大宗，通

常都會安排盛大品鮮大會。它的統一標語是：「薄酒萊新酒上市了！」（*Le nouveau Beaujolais est arrivé !*）

　　這種搶鮮的葡萄酒百餘年前即已盛行於里昂的「薄酒萊」（Beaujolais）地區。人們取其輕淡、清香且價廉，是當地勞動界，尤其是紡織廠工人，聚飲時的酒品，也是當地酒館樂於促銷的飲品。基本上，使用這種釀造法的葡萄酒單寧含量少，口味上較爲清新、果香重，常常被形容帶有梨子糖的味道，但口感就沒有傳統葡萄酒那樣溫潤舒暢。由於促銷成功，目前薄酒萊產區的新酒（此區也出產傳統發酵酒）的產量已占整個勃艮第（Bourgogne）傳統酒的兩倍半。只是最近幾年，新鮮感退潮，售價又偏高，復以品質不甚穩定，加上其他國家（尤其是新大陸）業者加入搶食市場，薄酒萊新酒已經不再那麼風光搶鮮了。

BCBG〔卑塞卑皆〕
光鮮亮麗

「Bon Chic Bon Genre」（簡稱「BCBG」）是1984年才出現的時髦字眼，指的正是一種趕在時髦浪潮上，既優雅，又講派頭的穿著及舉止。它是由專欄作家蒙杜（Thierry Mantoux）所創。最早流行於里昂地區，用詞更粗俗些「Beau Cul Belle Geule」。隔年，他出版了《BCBG指南》，狂賣50萬本，因而奠定了它的影響力。

這個複合詞是由「bon genre」（派頭、舉止、氣質等）延伸而來；「chic」（漂亮、優雅、時髦等）則是十足積極正面的字眼。它是1793年從德文「schick」（穿著入時、雅致）借用而來。「C'est chic!」便包含一切稱許。「Chic alors!」則是「帥呆、酷斃」之意。詩人兼藝評家波特萊爾（Charles Baudelaire）稱，畫家除要有才華（talent）外，也要有「神來之筆」（de chic），指的是靈巧的畫工。總之，它是一種既時髦，又夠派頭，尤其有品味的風格及舉止風範。有時也有挪揄之意。說某人很「BCBG」，指的大概就是現代版紈絝子弟

（dandy）的耍派頭了。它也用在稱許有該風格的空間，如餐館等。

　　這個概念很受美利堅時尚界的青睞，1989年設計師馬克‧阿茲里亞（Max Azria）推出了一款同名的時裝品牌，中譯為「嫵媚帥氣」。美國還拍攝了一檔電視連續劇，就叫〈Bécébégé〉，英譯為「Good Style, Good Class」。如今，「BCBG」已發展成時裝、鞋款、專櫃、專賣店、專屬網站，歌唱專集、唱片行，甚至有了「BCBG世代」這樣的稱法。幾年前，台北市東區通化街商圈也赫然開了一家「BCBG」女裝店，可惜沒多久就收攤了，轉手成一家專賣歐式麵包的店，可能是沒能抓住「BCBG」的調調兒，也可能這個法蘭西概念較不容易為本地人消化吧！2009年，法國幾位時尚界的名人又合作出現一本《bécébranchés指南》，重新定義並確認若干風尚及標準。

Beur〔柏爾〕
新法國人

　　早在19世紀法國就是周邊各國流亡人士的庇護天堂，外籍移民也帶給這個國家不可勝數的貢獻。2007年還選出一位具有猶太裔及保加利亞裔的總統薩科奇（Nicolas Sarkozy），但法國的排猶紀錄也是惡名昭彰。二戰後因經濟發展需才孔急，大量引進非洲前殖民地阿拉伯裔及非洲裔勞工。1970年代又收容數十萬亞裔難民。1980年代後，因經濟不景氣，外國裔人口的融入問題便不斷引發社會紛爭和緊張情勢。極右派排外政黨「國家陣線」（Front National）因此竄起，幾乎影響國政。摩洛哥裔大作家班哲倫（T. Ben Jelloun）寫了一本「教科書」《向女兒解說種族歧視》（1998）。頓時洛陽紙貴，狂賣了數百萬本，但2005年還是爆發一場幾乎動搖國本的「郊區青年」暴力攻擊事件！

　　根據官方統計，2004年的外籍居民多達493萬人，占全國人口的8.1%。另外，還有55萬出生在法國的外國裔子女，以及多達十餘萬的外籍學生（占全國大學生數的11%）。外籍居

民當中，阿拉伯裔（31%）及非洲裔（12%）合計就多達43%。因宗教、膚色，及經濟條件和生活方式迥然不同，成了最明顯的「外國人」。

1983年，一群活躍的猶太裔年輕人結合阿拉伯裔法國人，提出反種族歧視訴求，結果有20萬人響應走上街頭抗議。他們還打造一個新字眼「Beur」，它是阿拉伯語裡「Arabe」一字的逆讀。隔年，他們組成「SOS Racisme」（救救我們，有人歧視）民權團體，並提出一個震天響的口號：「別惹我的同伴！」（*Touche pas à mon pote !*）這裡的「pote」，如英語裡的「buddy-buddy」，指「死黨，摯友」之意。一般法國人是相當認同這股由「新法國人」所喊出族群融合的口號，也期待能有一個多元及博愛的社會生活。但因政府配套措施失靈，且經濟轉型危及更多弱勢族群，以及民間普遍根深蒂固的排外情結，還是暴力抗議不斷，衝突不絕於耳，總之，法國的確是個移民社會，但明顯已患了許多消化不良的症狀。

Bikini〔比基尼〕
比基尼

「Bikini」是極成功的「文化創意」案例。該字原指北太平洋馬紹爾群島當中的一座珊瑚島，1946年7月1日美國在此進行核爆，引起國際震撼。五天後法國服裝設計師雷亞爾（Louis Réard）大膽推出一款兩截式幾近裸裎的女泳裝，並以此命名，比喻其對男性觀者具有同等的驚爆效果。三星期後，他又租了一架小飛機做起空中廣告：「比基尼：全世界最小的泳裝！」第二年夏天，它首次出現在地中海蔚藍海岸海灘，然後迅速風靡全球。在此之前，海灘戲水女性皆穿連身泳衣，男性亦不例外。這款「極限主義」勁爆泳裝確實引爆話題，許多保守天主教國家還明文規定女性不得公開穿著。美國也一直要等到1960年代才將它「除罪化」。

比基尼泳裝的震撼顯然不亞於比基尼核爆。它的成功也要歸功於三位「比基尼女郎」，第一位是勇敢充當模特兒的貝納迪妮（Michelle Bernardini），脫衣舞孃的背景讓她敢於秀出火辣的身材。其次就是《上帝創造女人》（1956）電影裡的碧

姬‧芭杜（Brigitte Bardot），以及首位007電影「龐德女郎」
（1962）瑞士影星烏蘇拉‧安德絲（Ursula Andress）在加勒比
海那一襲白色比基尼裝的經典畫面，如出水芙蓉那樣，令人難
忘……。

　　事實上，西元前1400年的古希臘壁畫上已有這種兩截式的
女裝。後來西方世界因受基督教強調「羞恥」（pudeur）觀念
影響，而壓抑了數千年。根據美國一份女性雜誌的調查，女性
愛上比基尼泳裝的原因是「自娛自樂、放鬆情緒、更加自
信」。換言之，旨在解放自己，而非取悅男人，更別說有關色
情的聯想。如今，隨著社會開放，「比基尼」泳裝早已見怪不
怪，此字甚至暗指二次大戰後至1970年代這個歷史時期！取而
代之的是來自德國的「自然裸裎主義」（FKK／Freie Körper
kultur，即「自由身體文化」）。1980年代起，法國人乾脆擺
脫一切，爭先恐後光溜溜地衝向「天體營」（camp nudiste）！

Bohémien〔波埃米安〕
波希米亞

「Bohème」原指居住在中歐波希米亞一帶的居民，當中許多人爲吉普賽裔，因在歐洲各地流蕩，亦意指「吉普賽人」、「居無定所的人」或「流浪漢」。1848年，繆爾熱（Henri Murger, 1822-1861）寫了一本膾炙人口的書《波希米亞生活情景》（*Scène de la vie de bohème*），描寫當時巴黎拉丁區落拓不羈的藝術家及文人（包括他的好友大詩人波特萊爾）的生活。從此，又專指那些「過著放蕩不羈生活的文人」、「對現實社會不滿，又充滿理想的社會邊緣人」。

波特萊爾也以「波希米亞人」自許，在《惡之華》（1851）裡寫了一首〈旅途中的波希米亞人〉（*Bohémiens en voyage*），寫道：「男人們扛著閃亮的刀槍前行，跟車保護擠在篷車裡的家小；抬起目光沉重的眼望著天際，悶悶不樂地懷想逝去的幻影……」這首充滿隱喻的詩正是所有藝術家的寫照。波特萊爾以墜入波希米亞生活方式來反抗資本主義社會，以及所謂的「現代性」，但同時視它爲一種對抗的策略，讓自

己盡力去保有昔日「紈絝子弟」（dandy）的作風，並以「閒逛者」（flâneur）的姿態積極投入「人群」（foule）。總之，波特萊爾點明，藝術家與波希米亞人乃同屬一類：游手好閒、凡事不感興趣，但也強調唯有積極投入社會才能自我救贖。

同代人馬克思（Karl Marx）稱他們（藝術家與波希米亞人）為「流氓無產階級」。社會學家韋伯（Max Weber）比較厚道，改稱「無產階級知識分子」。從1830年到1914年，它幾乎成了藝術家與文人最嚮往的生活模式。他們強烈訴求自主和解放，尤其反抗資本主義商業邏輯。到了1990年代，它竟被美國強大商業機制所吸納，成了「浪漫化、情趣化的布爾喬亞生活模式」（如B.B. / Bourgeois & Bohémien）的新賣點，而風靡全球。

Bon appétit！〔邦納佩地〕
請慢用！

　　法國餐飲攻占全球，這句開飯前的祝詞功不可沒。當今主要歐洲語言幾乎皆借用這句聽之即足以令人食指大動的通關密語。「appétit」一詞來字拉丁文，意為「渴望」，13世紀轉借為「胃口」，17世紀出現「Bon appétit！」的用法，可能與此時法國廚藝已臻精緻有關。19世紀它又轉回「對權力或榮譽的追求」，及在身體上的「欲念」。

　　打從17世紀起，巴黎就儼然成了歐洲美食的大都會，以及各式佳餚珍品的集散地。西方餐飲已悄然承受兩場巨大變革；先是地理的大發現，引進了許多稀奇珍貴的食品，大大改變了傳統歐洲餐飲的內容。餐館的需求，則標示都市化、社會富裕以及家庭生活的重大轉變。尤其外食現象制度化與商業化的結果，讓男人逐漸能取代女人在庖廚的地位。不過，19世紀畢竟還是傳統餐館最輝煌的年代。那個時代最偉大的「書記」巴爾札克如此寫道：「美食是有德性的修士的罪愆」。他甚至主張，佳餚除了得滿足口腹極高的要求外，尚需提供另一種「視

覺的美食」（la gastronmie de l'œil）。普魯斯特（Marcel Proust）更明言「餐桌為文化發展的最理想地點」以及「餐桌上的話題乃是理解西方潛在文化的最佳管道」。簡言之，法國極重視餐飲及其文化，不懂法式饌飲、不懂其餐桌禮儀，是很難與法國人打交道的。

英美語裡一向全盤借用法文裡的餐廚用語。從冷盤（hors-d'œuvre）、主菜（chef-d'œuvre）、沙拉（salade），到點心（dessert）、餐館（restaurant）幾乎都是法文的天下。連這句祝詞也很少用「*Enjoy your meal！*」，而寧可用「*Good appetite！*」。而在高尚的場合，還是賓主眾口齊聲說法文：「*Bon appétit！*」。中文裡找不到相應詞，通常主人會客氣地說：「請慢用！」或「請多吃一點！」，賓客則連聲道謝。日文則謙遜有餘地說：「請勿客氣！」（主人），「謹領受！」（客人）。

Bonjour〔邦如〕
日安

「Bonjour」（「早安」或「午安」，也譯成「日安」）
應是許多人學會的第一個法文字，等於英語裡的「哈囉」
（Hello）。它也是一個問候語，如中文裡的「你好！」，同
時也是法文世界裡應對不可少的招呼用語，相當於「Salut」
（此字通常用於已經熟識的同輩親友之間）。總之，它是見面
必定要說的話，少了它就顯得失禮。即便走進商店購物，也須
先主動向店員打聲招呼，說一聲「Bonjour」，因為法國店員
一向視商店為他們的家（地盤），所以顧客進門必須先跟「主
人」致意。

「Bonjour」在修辭學上也有相反用法之意，其意如「別
了、免了」（adieu），或「不要」之意，如「*Bonjour la
confiance !*」（信任給吹了！）。此外，也有諷刺之意：「惹
上、碰上」，如交通安全廣告，勸人少喝酒開車，否則
「*Bonjour les dégâts !*」（會出亂子！）。法國作家莎岡
（Françoise Sagan）17歲時的成名暢銷作《日安憂鬱》

（*Bonjour tristesse*, 1954），似乎也可以譯成「憂鬱上身」。

　　法人見面除了說聲「Bonjour！」，通常會行握手禮，男女皆做，男士要等女士先伸手。除洽公或商業場合外，他（她）們更常做「吻頰禮」（bise 或 bisou），不同於國際外交場合經常可見的「擁抱禮」（embrassade），而是雙方輕觸面頰，還同時發出「啵」一聲，以示熱情，也是「祝福」之意。碰觸左右面頰兩下為準，也可以三下或四下，次數越多就表示越熟稔，越熱情。但也可以「空吻」，行禮如儀即可。不過，還是要發出「啵」聲。至於傳統的「吻」（baiser），現代用法已多採用名詞，動詞則專指「做愛」（faire l'amour）之意，甚至特指「床上功夫」。所以在法國如果要「索吻」，切勿說成「*Baisez-moi*」（1978年法國一部經典色情片的片名）！這已不是「祝福」，而是挺情色的。正確的說法是：「*Embrassez-moi*」或「*Donnez-moi un baiser*」。

Bon vivant〔邦維旺〕
生活達人

　　「Bon vivant」應是法文裡特有的詞彙，英文勉強譯為「Good Liver」，中文裡似乎找不到面面俱到的相應詞：「豁達之人」、「樂天派」、「美食家」、「享樂主義者」、「生活家」等等皆屬之。總之，就是在食衣住行各方面均能兼顧，且有著一定的信心和品味的人。1680年即已有此用法，意指「無憂無慮者」（luron）和「快樂過活者」（joyeux vivant）的合義字。原初專指「追求樂趣的人」，現今多指向愛好美饌佳餚、懂得過日子的人。不過，日常用語上還是比較指向稱許那些懂得吃喝的「老饕」（gourmand）。因為在法國一個懂得吃的人，一定懂得生活，懂得作為一個人所應具備的一切知識與樂趣。

　　這個詞也指對生命及生活抱持豁達態度的「性情中人」。尤其須具有一定的文化水平及懂得人情世故──即待人處世之道（savoir-vivre）。換言之，這種人是半天生，半修煉的；也是半精神，半物質的。畢竟唯有在「衣食足，知榮辱」後，才

懂得放得開，學會做起「達人」！

　　1920年代美國作家海明威客居巴黎，曾記下他的寄居感想：「如果你夠幸運，在年輕時待過巴黎，那麼巴黎將永遠跟著你，因為巴黎是一場流動的饗宴。」1999年，炒熱普羅旺斯的英國作家彼得‧梅爾又寫了一本《重拾山居歲月》（*Encore Provence*），原因是「因為那裡的空氣，還飄盪著歡樂！」的確，法國人，不論高傲或純樸，總是有令人激賞的一面，尤其是面對生活的豁達態度。基本上，他（她）們十分求知若渴，所以自信開朗，少見庸俗，相當尊重知識與創意，因而豁達樂觀，樂於溝通。此外，這個國度的人們也樂於閱讀，他（她）們的圖書館和博物館的密度是各國之冠，單單諾貝爾文學獎得主就多達16人（截至2023年），亦是領先各國。

Bouillabaisse〔布依亞貝斯〕
馬賽魚湯

　　「Bouillabaisse」（馬賽魚湯），或譯「普羅旺斯鮮魚濃湯」，係以地中海北岸多種鮮魚爲料，配以香料與馬鈴薯，經醃過冷藏六小時，再多次滾煮及小火悶熱而成。該字源於當地方言，爲「煮開（bouille），將火關小（baïsse）」之意。食用時放入烤成微焦並塗上蒜泥的麵包塊，和湯飲用，口味更佳。相傳早在西元前七世紀希臘人前來此開埠，即有此道以剩魚做成的雜燴鮮魚高湯。羅馬神話裡也提到它可以助眠。這道料理與葡萄牙的海鮮湯（Caldeirada）有不少相似處。該魚湯由於配料繁多，又須熱煮多回，呈混濁狀，故亦有「混雜」之意。它一直是漁民幹活的補品，以馬賽至土倫沿海一帶爲原產地。直到現今，港邊都還見得到魚湯攤子。

　　這道被譽爲「鮮魚與太陽的絕配」的南方榮餚，200年前已被法國作家斯湯達爾（Stendhal）寫進日記（1806）。作家都德（Alphonse Daudet）稱這道「溫暖、香氣撲鼻的燉湯」是他一輩子喝過最美味的湯。如今，它已是馳名全球的法國民族

佳餚，通常當作前菜開胃濃湯飲用。同時，它也是美國名作家費茲傑羅（Francis S. Fitzgerald）流寓法國時，其作家夫人賽爾姐（Zelda）宴客時的私房菜。英國暢銷作家羅琳（J. K. Rowling）也將它寫進《哈利波特》（第4冊16章）。

傳統「馬賽魚湯」」的做法，除了種類混雜的魚隻（通常不含貝類、蝦或龍蝦）外，還必須加入橄欖油、洋蔥、番茄、大蒜、西洋芹、茴香、百里香、蔥、桂葉、蕃紅花和柳橙皮。真正的馬賽魚湯必須使用地中海的魚產，包括基本的牙鱈、海鰻、鯡魚等魚種，也含有多種其他魚類，同時所有的材料都要快速的一起烹煮。上桌時，魚湯和魚肉分兩道菜食用，配上一種稱為「rouille」的佐醬。如果有了足夠的配料，一位法國人（Louis Jonval）發現採用台灣沿海的魚種也能做得出來。

Boute-en-train〔布當坦〕
搞笑王

「Boute-en-train」原意為「刺激令其有所反應」。17世紀畜牧養殖業首先採用此詞,指進行人工交配時用來「引起發情」的種馬。18世紀才有「搞笑王」之意,專指團體中的「開心果」。19世紀法國社會主義理論家蒲魯東(P. Proudhon)高度肯定這種人才說:「金錢並非財富,能與搞笑王為伍才算擁有財富!」

權威的《法蘭西學院詞典》1762年版即已收錄此字,指一種「引發其他鳥類鳴唱的鳥」、「黃雀」(tarin)。到了1832年版才收錄「試情種馬」(也指現代人工授精中心誘發雄畜射精的雌畜)之意。同時也指「團體中引發別人發噱的人」。它的始祖可能就是古代朝廷裡專事負責緩和嚴肅氣氛的「弄臣」(bouffon)。「bouter」古意為「驅逐,趕走」,後轉為「放置」之意。今意指「刺激」。「en train」與「火車」無關,指「活動中」(en action; en mouvement)之意,如「être dans le train」,指「正在進行中」之意。由於此複合字已逐漸受到大

眾愛用，1990年已出現新的單字寫法「boutentrain」，意即
「刺激同伴，使其快活」。

　　「Boute-en-train」幾乎是天生的搞笑胚子，團體生活中的
靈魂人物，也經常就是個「帶動唱者」（amimateur）。他不
同於笑鬧劇裡的搞笑者「farceur」那樣輕浮，也不是油頭的說
笑者「plaisantin」，以及愛捉弄別人的逗趣者「amuseur」。他
可說是人人翹首期盼的幽默家「humoriste」。但卻非那種「英
國式的幽默」，那樣做作、刻板、文謅謅，又帶幾份憂傷。法
國式的幽默或許少了些機智及修養，但絕不搞「嚴肅」，能言
善道，詼諧樂觀。畢竟法國人是天生的生活家，他們樂於與
「搞笑王」為伍，更崇拜天生的「冷面笑匠」（pince-sans-
rire）那種酷勁！

Bourgeois 〔布爾喬亞〕
布爾喬亞

　　「Bourgeois」（布爾喬亞），或其派生詞「bourgeoisie」（資產階級、中產階級），明顯借自德文「burg」，指的是城堡，或以城堡爲中心所形成的市鎮，如Hamburg、Luxemburg、Strasbourg。「bourgeois」當然指的就是住在此地的居民，更確切地說，已脫離農奴身份的「自由民」。沒想到後來被馬克思一陣批鬥，居然成了人人皆日可殺的「資產階級」，也就是說，工農階級的對立面，是個「剝削者」。這使得德文也只得回過頭來接受這個「法來語」（英語亦同），還多了一個貶意：庸俗的有錢人！

　　實則，「bourg」源於拉丁文「burgus」，指「具防禦能力的城堡」；德文亦指「具防禦能力的商業城鎮」。中古時代所指的「住在城市裡的自由民」，即已脫離貴族奴隸身份的都市流民，他們多靠技藝、勞役，或貿易爲生的「個體戶」，後來亦指專事商業活動的階級，即人類歷史上「資本主義」的重要推手。16及17世紀，他們因累積財富，逐漸坐大，爲保障個人

私有財產，便積極爭取政治權，所以亦是人類「民主政治」的
策動者。到了18及19世紀，他們快速壯大，成了呼風喚雨的
「掌權階級」，更赤裸裸地追求更多的財富，也就成了世界禍
害的根源，戰爭的幫兇，生態的劊子手等等惡名與標籤。

　　總之，這個詞在人類歷史上毀譽參半，引用不當，極易惹
禍上身。大陸文革期間，一位可憐淪爲辭書編輯的左傾知識分
子，竟因將此字收錄到一本英漢詞典裡，結果遭到極爲嚴酷的
批鬥。不過，當今這個詞已又翻轉了幾回，上海都會人人不都
在戮力追求「小資」生活！當今法語用法則是貶多於褒，不
過，英美語世界裡，還可以指那些「有點錢，有點閒又有點小
品味之士」！

Café〔咖啡〕
咖啡館

　　「Café」一字源於義大利文（caffè），該字又源於土耳其文（kahve，意指「令人陶醉的飲料」），它既是指這種飲料，亦是喝這種飲料的場所。上世紀法國大致有20萬家咖啡館。人們可以想像，如果這個國家少了咖啡館，將會是何等的無趣！一份民調顯示，巴黎的咖啡館是觀光客公認最迷人的地方。坦白說，在巴黎上咖啡館，如果不能放鬆心情，享受「看人」及「被看」的樂趣，就很難能體驗它那種自在愜意、優雅韻味，甚至浪漫情調！

　　咖啡直到17世紀才傳進歐洲。相較於威尼斯、維也納或倫敦，巴黎算是較晚見識到這種神奇飲品的城市。不過，法國人卻能出神入化地將它融入到日常生活和文化裡。第一家咖啡館（Le Procope, 1686），位於拉丁區的劇院街，多虧一名義大利人的生意頭腦，才使那兒的各種神話川流不息（伏爾泰、盧梭、拿破崙皆曾是座上客）。事實上，每家咖啡館也都充滿故事和傳說。

　　這個外來飲品不僅迅速攻占整個歐洲，也流行到世界各個角落，歷三、四百年而不墜。而咖啡館的出現不僅取代了西方傳統上的文化搖籃「沙龍」（salon），並且讓文化活動得以更快速普及。簡言之，咖啡館成了西方近代文化最主要孕育地，舉凡政治、經濟、社會，乃至藝術活動皆在這裡發生。沒有咖啡館，就沒有西方文化，如今，它的神話和飲用依然占據世界每個角落，從最高檔、最奢華的場合，到最寒磣、最窮僻的地界，都看得到它的蹤影。不過，巴黎咖啡館的氛圍依舊是舉世所景崇及最嚮往的！只是受到網路化的衝擊，虛擬世界逐漸攻占人心，人類具體接觸的需要正逐漸式微，加之政府厲行菸禁，咖啡館的空間正面臨前所未有的挑戰，巴黎的咖啡館已出現了前所未有的萎縮，目前已剩下不到五萬家。總之，我們似乎應像對待珍貴世界文化資產那樣看待，並珍惜每一家咖啡館！

Cancan〔康康〕
康康舞

　　「康康舞」（俗稱「大腿舞」）會立刻讓人想到現代歌舞秀的始祖「紅磨坊」（Moulin Rouge）。康康舞正是在那兒的招牌戲碼，且一演就是100多年！1954年法國大導演尚雷諾（Jean Renoir）在此實地拍攝《法國康康舞》（*French Cancan*），讓這個秀場聲名大噪。2001年妮可・基曼演活《紅磨坊》，更讓世人遙想當年花都的夜夜笙歌⋯⋯。

　　「Cancan」（一說源於兒語「canard」擬聲音，指舞者搖擺如「鴨子」），但並非源於法國，16世紀英國即有一種稱之為「抬大腿舞」（High-kickers）。1830年代開始流行於法國普羅階級，一種即興的四對方塊舞。在高亢的銅管樂中，舞孃拉高裙襬，秀出褻衣，挑逗感官，一種喧鬧起哄的高潮秀，民間聚會活動的壓軸戲碼。1889年「紅磨坊」開張，即將之納入舞碼而名揚四海。從此，這座落在巴黎紅燈戶區的聲色場合便充滿了傳奇。最著名的莫過於後期印象派畫家羅特列克（Toulouse-Lautrec）筆下濃妝艷抹，又寂寥無奈的康康舞孃

系列。

　　「紅磨坊」的康康舞應是現代聲色夜總會發源地，既普羅，又高檔，因位處巴黎高點蒙馬特區（Montmartre），既有「畫家廣場」（place du Tertre），又有神聖的聖心教堂（Sacré Coeur），還有幾家碩果僅存的老式歌廳，更增添幾分夢幻遐思，早已是觀光客必遊且流連忘返之地。其實，巴黎的「歌舞秀」更精彩的還有「麗都」（Lido）、「瘋馬」（Crazy Horse）、「瘋狂牧羊女」（Les Folies Bergère）、「拉丁天堂」（Paradis Latin）等大型舞台。其中「瘋馬」後來居上，舞女以全裸演出，配以創意燈光秀，不淫不穢，讓人享受極大感官刺激，而聲名遠播。香港人稱之為「癲馬俱樂部」。近來，她們不僅受邀上法國電視台跨年節目，也主動出擊到國際巡迴表演。

Canard enchaîné〔卡納安些內〕
鴨鳴報

　　「Canard」一詞意指「鴨子」，13世紀之際取代古字「*Ane*」。後衍生指那些終日喋喋不休的人。1750年改指提供給媒體爆料的「假新聞」，或指那些不甚正經的報紙。現代俚語裡則泛指「報紙」。

　　「*Le Canard enchaîné*」創於1915年，是當今法國公認最權威的諷刺周報。當初創辦人馬雷夏爾（M. Maréchal）採用此名，一則取「Canard」這個通俗親切字眼，另則承接法國一次大戰英雄克里蒙梭元帥（G. Clemenceau）的點子，用「enchaîné」（被拴住、被嚴控）這個限定詞。克里蒙梭戰前為左派在野黨，曾辦了一份批評時政的報紙「*L'Homme libre*」（自由人報），因屢遭查禁，索性改為「*L'Homme enchaîné*」（被嚴控者報）。百年來，這份敢於大鳴大放的報紙也一直採用鴨子做為標誌，故中譯為《鴨鳴報》。一位法國歷史學家馬丹（Laurent Martin）稱它是全世界最另類的報紙。每周三出刊，不登廣告，只靠發行量（2008年為54萬份）收入維生。立

場徹底獨立：不收政府、政黨、企業任何資助（不登廣告）。記者待遇特優，唯需簽下切結書：不玩股票、不投稿他報、不收禮。他們的信念：新聞自由如不爭取便不存在！

　　法國報業一向以「評論報」（presse d'opinion）著稱，最知名的有《世界報》（*Le Monde*）、《費加羅報》（*Le Figaro*）、《解放報》（*Libération*）。它曾有過極輝煌的歷史，19世紀末，即已有兩份報紙即已創下百萬份發行量：《小報》（*Le Petit Journal*，1895年創下）《小巴黎人報》（*Le Petit Parisian*，1900年創下）。近來，受到電視媒體及網路的衝擊，許多「新聞報」（presse d'information）相繼應聲倒地，唯有專業屬性高的評論報尚能爭得一定的市場。此外，法國的雜誌類倒也欣欣向榮，全國計有3,000種刊物（政府刊物則多達五萬種），年發行總量達4,600萬本，閱讀人口為96%，每人平均每周看七本雜誌。85%的人是在家閱讀，換言之，法國人多直接購買，而不興二手閱讀，這不知羨煞多少雜誌業者！

C'est la vie !〔賽拉維〕
這就是人生！

　　「*C'est la vie !*」（唉！這就是人生！）是最足以代表法國民族性的一句用語，連英文詞典裡都照單全收。它像一句記憶海裡的通關密語，一旦說出，所有關於法國的種種「指涉」全都湧現。包括法國人那種無可救藥的樂天習性，那種逆來順受的知命性格，那種親切開朗，甚至那種傲慢與粗暴全都會一一浮現在眼前。單單一句「Such is life !」是不夠用的。這句話也是最足以代表法國浪漫、花都迷情的字眼。單單以「*C'est la vie !*」為主題或品牌的項目就琳瑯滿目：書籍、遊記、童書、電影、音樂專集、拍賣網站、香水等等。

　　「*C'est la vie !*」這句話也可譯成「哇！這就是人生！」表達一種樂天知命，珍視生命中每個美妙的時刻的態度。法國人留給外界的刻板印象無外乎就是「浪漫、不切實際、高傲、固執，又愛爭論」。其實，法國人可愛之處，在於他們的「自信、自足、激情與投入」。英國哈法暢銷作家彼得・梅爾最擅於描繪南方普羅旺斯「法國佬」（le Français moyens）的這種

性格。英國記者克拉克（Stephen Clarke）的巴黎「狗屎」日記（中譯本書名譯為《巴黎，賽啦！》）則使出渾身解數揶揄，並淋漓盡致挖苦了「巴黎人」那種裝腔作勢的調調兒。原籍匈牙利的思想家克莉斯蒂娃則提醒，法國人過的是一種「既優雅又粗暴的法國式生活」。總之，法國人樂觀，自傲，又不滿現狀，所以才會創意不斷，革命連連！

「人生即如此，誰也改變不了它」（*La vie est ainsi et on ne peut pas la changer*）。透過「*C'est la vie！*」這句感嘆詞，便足以道盡了天底下所有人的心聲，所以才如此引起高度共鳴。「*C'est la vie！*」也是加拿大一個電台頗受歡迎的廣播節目，比利時及義大利分別有個電視節目皆叫「*C'est la vie！*」。截至目前為止，這個用語已被拍成至少四部電影，被當作六部專輯、20餘首歌曲的名稱！

Champagne〔香帕尼〕
香檳酒

　　「Champagne」（香檳酒）可視為當今最受歡迎的國際高檔飲品，尤其在歡樂慶祝場合。開香檳時，「砰」然一聲，眾口歡呼，隨即瓊漿四溢，醇香浸涼，又有氣泡點綴，著實令人既渴望又捨得。最早中譯為「三鞭酒」，它素有「葡萄酒之后」之稱，為一種天然氣泡白葡萄酒，產於法國東北香檳區，因而得名。年產量可達三億瓶，為法國國際專利消費飲品，只限「香檳區」所產之酒始可名之，甚至1993年，聖羅蘭（YSL）推出一款名為「Champagne」的香水也被迫下架！該字於1695年開始使用，相傳為一位天主教本篤教會修士佩里尼翁（Dom Pierre Pérignon, 1638-1715）某回因釀酒失敗，而無意間發現的新口味。

　　釀製香檳酒過程極為費神、講究，且容易失誤，葡萄經兩次發酵，裝瓶後需倒置按日轉動，之後多次排放瓶中沉澱物，始能淨出晶瑩透明略帶淡黃的酒液。因酒液中含有六倍之氣壓，玻璃酒瓶需加厚，重達900公克，過度搖晃亦會自行迸出

瓶塞。除非慶祝場所，一般用餐禮儀皆只求發出恰似吹口哨的
「嘶」聲（俗稱「瑪麗·安托瓦內特王后的嘆息〔*le soupir de Marie-Antoinette*〕），以免浪費如此瓊漿玉液。1905年「香檳色」正式成爲一種色澤，迄今它還是當下最流行的顏色，可能是因爲這世間不如意的事情實在太多了！

　　香檳酒之所以在眾多酒品中獨占鰲頭，除不同凡響的另類口感與氛圍外，「太陽王」路易十四的促銷亦功不可沒。其他尚有諸多名流的禮贊，如啓蒙大師伏爾泰（Voltaire）也在1736年賦詩：「如此汩汩湧泡浸涼酒品，乃吾國璀璨之形象！」拿破崙亦不能免俗，曾說過如下名句：「勝時我理當享用，敗時我更需飲之！」路易十五時的宮廷名媛龐巴度夫人（Mme Pampadour）也說：「香檳是唯一能讓女人喝了之後依舊美豔的葡萄酒。」2008年，聯合國教科文組織已受理將它列入世界文化資產候選名單。

Champs-Élysées〔香榭麗舍〕
香榭麗舍

　　「Champs Élysées」一詞來自希臘文「*Elusia*」，意爲專供英雄及高士休憩的「幸福島」。如今這條2.5公里長的大道已是公認全世界最美麗的林蔭大道，也是「花都」巴黎的具體縮影。就如同那首著名香頌〈香榭麗舍大道〉（*Les Champs-Élysées*, 1970）所歌頌的：「不分晴雨，不論晝夜，那兒要什麼有什麼！」。原先這兒只是王室的庭院，路易十四將之打通。18世紀中葉開始整建美化，1806年拿破崙在它的最高處籌建「凱旋門」，1850年代拿破崙三世指派奧斯曼男爵整建巴黎，將之打通連接到協和廣場，並擴建人行道。這裡也是全球最大的「廣場」，1998世界足球賽法國首度取得冠軍，一下子便湧進了100萬狂熱的群眾！

　　尤金‧蘇（Eugène Sue）寫《巴黎之神祕》（1842）時，此處還是都市的死角，底層社會的天堂。它是大詩人波特萊爾既愛且恨的資本主義櫥窗。普魯斯特在《在斯萬家那邊》（1913）將此地視爲談情的公園、愛恨之地。1944年8月26日

巴黎光復，戴高樂將軍（Charles de Gaulle）所率領的凱旋軍就是從凱旋門一路走下祖國這條最美麗的街道。打從「美好年代」開始，近百年來，它讓全世界豪客紙醉金迷，讓全球觀光客目瞪口呆！

　　這條林蔭大道與艾菲爾鐵塔構成巴黎最醒目的兩座地標。早在1860年就自主成立街道委員會，以共同維護這條美麗大道的形象，並督促市政府定期調查商家的外觀裝潢及商業活動。同時也協助商家融入整條大馬路的風格和情調。每年這兒至少都會有三場淨空大活動：一是7月14日國慶日的閱兵遊行，二是7月底的環法自行車大賽的終點賽，三是每年跨年夜的煙火秀（在左前方的鐵塔處施放），屆時路人甲可以任意擁抱路人乙，「Bonne Année！」（新年好！）之聲響徹雲霄。

Chanson〔香頌〕
香頌

　　「Chanson」（香頌），「歌曲」之音譯，音意均頗為貼切。這個詞至少有三意：最早指中世紀吟遊詩人嘲諷時事或轉述故事吟唱的頌歌，如《羅蘭之歌》那般的史詩；二是指一般的「歌曲」，如「勸酒歌」（chanson à boire），並延伸為「吟唱、聲樂」（chant）、「小調」（chansonnette）等意；最後才是現代詞意的「香頌」。首先，它是用法文演唱的抒情曲，皆有動人的故事內容，大都選在小酒館或小型音樂廳裡演唱；其次是流行於20世紀中葉，在電視機尚未普及，以及英國「批頭四」及美國搖滾樂團尚未出現的年代，曾一度蔚為國際流行音樂，稱霸世界通俗樂壇。再者，「香頌」大都由現代新詩直接譜曲而成，故文字意境較高。如今，「香頌」早已成為法蘭西民族之聲，也是重要文化產業。

　　1930年由女歌手Lucienne Boyer唱紅的〈對我訴情曲〉（*Parlez-moi d'amour*），開闢「香頌」席捲國際的時代，它既是法蘭西浪漫的代表，亦是全球模仿的對象，上海時代的周璇

及白光、東京的美空雲雀、二次大戰期間納粹德國時期動搖百
萬軍心的名曲〈莉莉・瑪蘭〉（*Lili Marleen / Lily Marlène*）都
是源自雷同的唱腔和情愫。戰後法國名歌手倍出，名曲不斷。
最著名的有皮雅芙（Edith Piaf）及那首招牌名曲〈玫瑰人生〉
（*La vie en rose*），尤蒙頓（Yves Montand）的〈落葉〉（*Les
feuilles mortes*），以及撼動整座拉丁區的名曲〈聖傑曼德佩〉
（*Saint Germain des Près*），由格雷科（Juliette Gréco）演唱，連
當時雄霸整個拉丁區的存在主義哲學大師們皆沉迷在她那低
沉，充滿磁性，又悵傷的美聲之下。

　　法國人一般擅歌，法文裡「唱著同一首歌」，意味「老
套」。「Chanson！」作為感歎詞的用法為「無稽之談、一派
胡言」！其實，要唱好一首「香頌」並不難，只要誇張地發出
顫音，尤其是老祖母時代那個〔r〕字顫音即可。

Château〔夏朵〕
城堡；酒莊

　　「Château」一詞來自拉丁文「*castellum*」，原為封建領主的防禦住所，後為王公貴族的鄉下宅第，今多是富豪人士鄉村別墅。「*une vie de château*」指的是「闊綽安逸的生活」。時下甚至有廉價城堡交易（因維修費昂貴）及出租城堡供應。此外，它也當「集水高塔」（château d'eau），或燒烤排肉方式，相傳是由浪漫主義文學大家夏多布里昂（F. R. Chateaubriand）家廚所創。另，「在西班牙建城堡」（*bâtir des château en Espagne*），意指不切實際的想法或計畫。

　　法國北方的城堡多為諾曼人所建，故多具防禦功能。中部及南方則為法蘭克族所建，多屬國王或權貴宅第，如凡爾賽宮（Château de Versailles）等，因已改為國王的住所故稱「王宮」（palais，指的是國王在城裡的宮邸）。法國西南部的鐸都涅（Dordogne）河谷，因歷代鄉紳富豪競相誇耀其權勢與財富，是以，城堡密度最高，合計有1,500座之多，遂有「1001城堡之谷」的美譽，並已被法國政府明定為「藝術與歷史之

鄉」。不過，最美麗的城堡應屬中部羅瓦河（Loire）的氣派城堡，因爲此地歷來出法國國王。羅瓦河河谷兩岸有城堡300座之多，最著名的當然是橫跨羅瓦河的雪濃梭城堡（Château de Chenonceau），建於15世紀，屬於私人建物，1840年即已被政府認定爲「歷史建物」，是法國最有特色、最美麗、最溫馨的城堡。

當今，「château」最廣爲流通之意，應指波爾多葡萄酒產區的「酒莊」。早在1663年，此地便以「château」之名來爲所產葡萄酒分級。1973年確立五大頂級酒莊（Château Lafite, Château Latour, Château Haut-Brion, Château Margaux, Château Mouton）。這「五大」酒莊成了各地葡萄美酒仰慕者的聖地。由於酒質醇香，加上貨源有限，雖所費不貲，酒客們依然趨之若鶩。若逢好年份，搶購風聲此起彼落。有的甚至搬進拍賣場，來個「競價標售」（aux enchères），法國文化便在銀兩聲中及酒酣耳熱之際傳布各地。

Chinetoque〔辛都客〕
華鬼佬

　　相傳英國大使阿美士德（Lord Amherst）於1815年晉見清帝嘉慶君不成，返國途經聖赫拿（Saint Hélène）島，會見被囚於此的拿破崙，曾向他提及中國行的種種。拿氏語重心長的說道：「當中國醒來時，世界將為之震撼！」（*Quand la Chine s'éveillera... le monde tremblera*），而這句話帶有警惕的預言一直牢牢放在法國人的腦海裡。1973年，法國右派名政治家佩爾菲特（Alain Peyrefitte）就以此名言寫了一本極暢銷的中國論述專著。不過，日常用語裡法國人對中國的一切可就沒那麼客氣！

　　「Chinetoque」（1918年出現的水手間的黑話），則是帶有歧視貶意的「華鬼佬」，如英文裡的「Chink」或「Chineseman」，一般孩童尤喜用之。就像以奚落口吻稱「英國佬」為「Rosbif」、稱「德國佬」為「Boche」、稱「美國佬」為「Amerloque」、稱「俄國佬」為「Popov」。「Chine」指中國，「toque」來自「toqué」，指「有點神經病的人」，泛指所有中國人及中國事物的輕蔑詞，有時也用於輕

蔑所有亞洲人，因為西洋人一向分不清黃皮膚的亞洲人。同樣，我們也用「洋鬼子」稱所有西方人，港澳粵語則用「鬼佬」等貶義詞。隨著交流的頻仍，以及全球華文熱現象，這種輕蔑的「刻板印象」的用法應會變得節制些。

「chine」除指中國古瓷器外，亦指沿門兜售。可能因早年浙江青田人在歐洲到處打天下的印象，「chiner」從此也就有「從事舊貨買賣」之意，也意在取笑某人。「chinois」除指中國人外，亦指某人苛求挑剔。「chinoiserie」除為流行於18世紀中葉的中國風，指中國工藝古玩外，亦是繁文縟節的同義辭。「casse-tête chinois」亦指「難於搞定之事」。「*C'est du chinois pour moi*」則是「超乎我所能理解之事」。

Coco Chanel〔科科 香奈兒〕
香奈兒

「Coco」原指熱帶水果「椰子」。不過，談起名牌，一定會想到那位叱吒國際的時尚大師香奈兒（Coco Chanel）。香奈兒原名並非「Coco」，這是她以兜售為業的父親對她的暱稱，意謂「小寶貝」。一說是她早年從事酒吧歌女，演唱過一首名為〈誰在Trocadéro見過可可〉（*Qui qu'a vu Coco dans l'Trocadéro*）的歌曲，之後，大家就以「Coco」稱呼她。她的名字字首雙「C」交疊的標誌，成了香奈兒的「精神象徵」。畫家畢卡索稱她是「歐洲最有靈氣的女人」，文學家蕭伯納給她的頭銜是「世界流行的掌門人」。

她原名「Gabrielle Chanel」，出身鄉下貧寒家庭，母親早逝，父親又棄家遠走，她和姊姊便在孤兒院裡待了七年。之後，憑著毅力、際遇與藝術才華，她征服了巴黎，並成為國際名流最景崇的偶像。她為20世紀的女性量身訂做服飾，從服飾上解放女性，被譽為「攆走19世紀的天使」。她終身未嫁，一生充滿傳奇，1910年她的英倫情人琵琶別抱，娶了一名爵士的

千金為妻。為彌補愧疚，他出資讓她在巴黎開設一家帽子專賣店，1912年她即以新款的女帽帶領巴黎風潮。1920年她讓女人穿上長褲，走進上流社會的宴會。1921年推出曠世作品「香奈兒五號」（Chanel No. 5）香水，迷倒眾生。美國20世紀最著名的電影女演員瑪麗蓮‧夢露（Marilyn Monroe）曾宣稱：「我睡覺時只穿香奈兒五號香水。」從此，這支香水成了性感的象徵，時至今日，它仍是世界上最暢銷的香水。據統計，每30秒鐘就有一瓶「香奈兒五號」售出。1959年紐約現代藝術博物館破天荒地將它選為收藏品。

　　1930年代，她即已讓時尚走上街頭，每年出售2.8萬套時裝。二次大戰中斷了她的事業，避居瑞士十年之久。1954年復出，實力風采依舊，直到1971年逝世。如今「Chanel」依然是全球年輕女性最渴望擁有的「夢幻品牌」之一！她傳奇的一生仍不斷被傳頌著，生前（1969年），她的故事即被凱瑟琳‧赫本搬上了百老匯的舞台。2009年，講述她奮鬥故事的電影《時尚女王香奈兒》（Coco Before Chanel）發行全球。同年，她與俄國前衛音樂家史特拉汶斯基的戀情《香奈兒的祕密》（Coco Chanel & Igor Stravinsky）也搬上螢幕，還成了坎城影展的閉幕壓軸片！

Cocorico〔科科里科〕
喔！喔！喔！

「Cocorico」（喔！喔！喔！）是法文裡的擬聲字（onomatopée），此字本身則從另一個擬聲字「coq」（公雞）衍生而來。英文裡則稱「cock-a-doodle-do」。若將中、法、英文做個比較，任誰都會感受到法文的公雞啼聲不僅入木三分，確實也來得雄糾糾、氣昂昂些。

古代「公雞」專司破曉，亦是「太陽」的象徵。法國古名「高盧」（*galus*），此拉丁字指「高盧人」（Gaulois），亦指「公雞」，所以自古「公雞」便與法國人結下不解之緣。拿破崙稱帝選用「老鷹」當圖騰，但到了第三共和（1870-1940）又相中了「公雞」，成了政府官璽的符號。總統府艾麗舍宮（Palais de l'Élysée）的正門鐵柵欄上方就是一隻大公雞，那是迎接重量級的國賓用的。鄉村地區的許多老教堂頂上的風向儀，也都選用「公雞」的造型，即所謂的「風信雞」。目前它也是法國國家體育代表隊的識別標誌（Logo）。法文裡「公雞」的借用也極為傳神，如「*fier comme un coq*」（指趾高氣

昂）、「*rouge comme un coq*」（指滿臉通紅）。「公雞」也指
雄性荷爾蒙特別發達的人，「村裡的那隻公雞」（*le coq du village*），指的是「大帥哥」。

　　事實上，公雞正是法國人上下一致認同的「國禽」。每逢
重大的遊行或表演活動，一隻公雞往往可帶領一整群的法國人
示威。這個字遂亦有「天眞的法國民族沙文主義」，或這類的
歡呼之意。法國人（尤其是男人）的性格也像極了公雞，那樣
易於衝動、虛張聲勢，又死愛面子。妙的是，法國女人竟也像
極了溫順的母雞。就好比西蒙波娃（Simone de Beauvoir），她
可一邊委身於花花公子沙特，大嘆女性爲「第二性」；一邊又
勾引一名美國情人，弄得他神魂顚倒；到了晚年，自己還說出
這輩子最大的憾事就是未能生個一男半女的！

Cognac〔干尼克〕
干邑

　　法國人一向不喜歡別人稱他們的招牌烈酒為「白蘭地」（Brandy，該字源於荷蘭文「brandewijn」，指「蒸餾過的葡萄酒」），而喜歡稱它為「干邑」（Cognac）。該字源自西南部盛產葡萄酒的名城「Cognac」。1783年開始指稱此地所產的葡萄蒸餾酒，並已正式向歐盟登記為法定產地酒（AOC）。但港台大陸地區還是習慣稱它「XO」，事實上，它只是該酒品的英文分級字眼「Extra-Old」（陳年六年以上）之意。「VSOP」（Very Superior Old Pale）是指陳年四年半以上，「VS」（Very Special）則指陳年二年半以上。存放陳年老酒的酒窖稱作「天堂」（le paradis），至於因久放蒸發掉的部份則稱「天使的份額」（la part des anges）。

　　法國干邑的成功實在多虧荷蘭人及英國人幫的大忙，17世紀某荷蘭商人準備將一批白葡萄酒運往亞洲，但因事耽擱，酒質變酸，心有不甘遂拿去蒸餾（二回），竟出現這種甘醇可口的烈酒。適巧此時英國已率先進入工業化，都市辛苦勞工需酒

甚殷。英國商人於是看中法國西南濱大西洋葡萄產區，以科涅可（即「干邑」）為集散地大量投資釀酒，銷往英倫而大發利市。之後，法國人親自經營，加多了一點兒精緻與藝術行銷，而舉世聞名。

這種經二次蒸餾的葡萄烈酒，被稱為「生命之水」（l'eau de vie），也被視為「流動的藝術」，實則是因為它有著獨特的保存方式，皆需放進橡木所製成的酒桶陳年，故其色如琥珀，其味香醇，其氣迷人。原因則是法國捲入西班牙王位戰爭（1701-1714），大批烈酒嚴重滯銷，當地人只得砍下鄰近森林的橡樹，製成酒桶存放，結果竟出現如此不同凡響的陳年美酒。為此，「Cognac」也成了一種顏色，即「琥珀色」，溫馨如酒。「干邑」一向鼓勵單味品飲，即不加水或冰塊，以免失了香氣。唯近來為開拓熱帶地區的市場，也出現加冰塊調酒的喝法（cognac frappé）。

Cohabitation〔科阿比搭雄〕
同居；共治

　　「Cohabitation」意指「共同生活、共處一室」，法國《民法》上指「夫妻共同生活」，並衍生為「未婚同居」之意，是「姘居」（concubinage）的委婉說法。法國很早就允許異性男女合法登錄「同居」，以享有若干社會福利保障。但拗不過同性戀遊說團體的壓力，以及顧及法國自由開放的形象，經過多年激烈協商，右派政黨及宗教團體才肯稍加讓步。終於在1999年11月通過《民事共同責任協定》（Pacte civil de solidarité / PACS），並衍生新字「pacser」（合法同居），允許同性或異性的成年人以此方式締結「準婚姻」關係，並享有一切傳統異性婚約的權利及社會福利。換言之，此法不僅讓「同居」合法化，也讓同性戀者得以享有婚約配偶的權利。

　　由於「PACS」省事、省時、又方便，雙方採分產制，只須共同分擔生活開支即可，若要分手，只要一方提出書面解約即告成立。實施以來反而讓許多異性男女趨之若鶩，統計顯示，平均每年15萬對採此方式締約的配偶，當中只有15,000對

是「同志」。法國人追求「自由」可說不落人後，即便已經相戀，也不肯輕言「同居」，寧可住各自的房子，爭取更多的「自由」！

　　政治上的「左右共治」始於1986年，因法國憲法「總統內閣制」任期不同（總統七年、國會議員五年）所致。該年任期尚有兩年的左派密特朗（François Mitterand）總統，任命國會新選出的多數黨領袖右派席哈克為總理，組成右派內閣，開創了此憲政新局。之後，法國共出現三次「左右共治」：1986-88、1993-95、1997-2002。1986年左派在國會改選中挫敗，密特朗決心放棄「對抗」，嘗試「共治」，而安然度過憲政危機，並立下施政楷模。2002年，時任總統的席哈克則主動提議，自下一任起將總統任期改為五年，也因此終結了這種憲政亂象。總之，法國人在政治實踐上永遠在嘗新、創新，且令人刮目相看。

Crêpe〔克雷普〕
可麗餅

　　「Crêpe」源自拉丁文「*crispus*」（捲曲、波浪狀），與頭髮有關，如「en crêpé」（一頭鬈髮）、「*se crêper le chignon*」（女性互揪頭髮扭打）。陽性名詞指「皺紗」，也當「喪服」。陰性名詞指「在平鍋內捲曲的薄餅」，亦稱「薄煎餅」。有甜味及鹹味兩種，可當點心及主食，12世紀出現在法國西部布列塔尼（Bretagne）半島。傳說某年鬧饑荒，當地人只好省吃儉用，做成薄薄煎餅當皮，加上各式餡料充飢。之後，發展成地方主食，甚至專賣店（crêperie）。後來更飄洋過海，成為當前全球化的熱門食品。1980年代透過Sogo日系百貨店美食街引進台灣，經過本土化開發，成了夜市攤連鎖店，更發展出近百種口味！

　　「Crêpe」（亦稱「法式薄餅」）類似台灣「潤餅」，世界各地均有類似的餐點，如印度的「Dosa」、墨西哥的「Sope」、義大利的「Crespella」、美加地區的「Pancake」等等，但都沒有法式煎餅來得精彩，不論甜鹹，各種配料都可搭

配；也不分場所，居家、外食、擺攤、專賣餐館皆有。當中最知名的做法就是「柳橙煎餅」（Crêpe Suzette），是一道不能錯過的傳統甜點。法國並選了每年的2月2日「聖蠟節」（La Chandeleur）為「薄餅節」（Fête de la Crêpe），布列塔尼地區家家戶戶都會做此餅以饗眾人。若右手握緊一枚金幣，左手能抓住對方拋出的薄餅皮，就表示這一年財源滾滾。

　　「法式薄餅」人人會做，但巧妙不同。麵粉（小麥或蕎麥）、砂糖、雞蛋比例分別是3：2：1，加水攪拌均勻，倒入平底鍋烘煎即成。但麵粉得過篩，用奶油煎，還得淋上少許蘭姆酒，才能溫潤可口，尤其要搭配當地所特產的天然蘋果汁（Cidre）。這種發酵飲料源自地中海沿岸，12世紀引進諾曼第。總之，吃「Crêpe」，少了「Cidre」，也就沒法國味了！

Croissant〔克華頌〕
牛角麵包

　　「Croissant」原指即將月圓前的新月，後來通指上弦或下弦月，也指阿拉伯半島的兩河流域出海口的「肥沃月灣」，它亦是奧圖曼帝國或伊斯蘭教國家的象徵。譬如：回教世界的國際救拯組織稱「紅弦月」（Croissant-Rouge），等於西方世界的「紅十字會」（Croix-Rouge）。「Croissant」也是奧地利的一種麵包「Hornchen」（角形小麵包），輸入到法國成了家喻戶曉的早餐必備餐點，它的外形兩頭翹起，狀如「牛角」，故稱之。大陸地區則稱之為「羊角麵包」。實則，法式牛角麵包並非一定要做成獸角狀。

　　根據傳說，1683年維也納的奧匈帝國擊敗來犯的回教軍隊，來軍摸黑夜襲，為早起工作的麵包師發覺，並拉了警報，才得以致勝。奧人遂將麵包製成新月狀，人人大啖，以快人心。之後，隨著瑪麗・安托瓦內特（Marie-Antoinette）公主下嫁法王路易十六，正式引進法國（1770年），並迅速風行。法國宮廷麵包師功不可沒，添加牛油及酵母，使這種多層次的麵

包更爲肥碩蓬鬆，與牛奶咖啡飲用形成絕配，遠遠超越維也納的口味。不過，根據史料，早在13世紀奧地利即有一種相同做法的麵包稱之爲「Kipfel」。而在1549年的官方檔案裡，已記載著法蘭西一世王后設宴，提到「40個新月麵包」。推測可能爲了款待奧圖曼使節，因爲幾年前法國才與突厥帝國結盟。

　　1839年一名奧地利軍官桑格（August Zang）在巴黎開設了一家維也納麵包店，也特別賣起「Kipfel」這款麵包，立刻在巴黎引起騷動，法國麵包師競相模仿，如此才正式登陸法國。1850年法國人已經稱它爲「法國麵包」了！1977年法國商人還開發出以牛角麵包爲主題商品的速食連鎖店「Croissanterie」。哈法不遺餘力的日本人也緊跟著開設「可頌坊」（Croissants de France）麵包店。台灣都會亦隨處可見。

Cul sec！〔居勒塞克〕
乾杯！

　　法國人嗜酒善飲（全國只有三分之一的人不沾酒），幾乎餐餐都有酒，設宴必備酒，但一向不乾杯豪飲。日常用語中的酒言酒語不少，先是進餐開席前的敬酒：「*À votre santé!*」（祝您健康！）之後，便各自酌飲，或也相互舉杯敬酒（借用英文「Toast！」），但通常只是啜飲（siroter）。爾來亦流行說：「*Tchin-Tchin!*」（敬敬）。最後，除非起鬨，否則很少乾杯（boire cul sec）。「cul」一字原為「屁股」，許多用法亦相當粗鄙。此處當酒杯底部，此複合詞之意如同英文「Bottom up！」。

　　在法國餐館，亦經常可見隻身單影的賓客「獨飲」（boire en Suisse，「瑞士喝法」），源於古時王朝時代盡忠職守的瑞士籍親衛隊的習慣。至於「豪飲」（*boire comme un Polonais*，波蘭人的酒量），相傳語出拿破崙。這位皇帝麾下有位波蘭籍的將軍飲酒如喝水，讓拿破崙開了眼界，發出如此讚歎。不過，波蘭人喝酒也常出狀況，形容喝得「爛醉如泥」（*soûl comme un Polonais*／醉得像個波蘭人）。事實上，法國人可能比波蘭人更愛杯中物，推斷是王朝時代僱用了很多波蘭籍的外國傭兵，這些目不識丁的士兵的粗魯行徑讓法國人印象深刻吧。

　　法國人喝酒並不划拳，但酒精下肚，經常引吭高歌以爲助興，所以「祝酒歌」（chanson à boire）繁多，最著名的一首通俗曲便是〈圓桌騎士〉（*Chevaliers à la table ronde*）。歌詞簡單淺顯：「*Chevaliers de la table ronde, Goûtons voir si le vin est bon; Goûtons voir, oui, oui, oui, Goûtons voir, non, non, non, Goûtons voir si le vin est bon...*」在婚宴、家族聚宴、或學生慶祝活動最可見到這些五花八門的「祝酒歌」，大多事先會說好在某個歌詞間奏一起舉杯一乾而盡。此時，大夥大概已「開懷暢飲」（*boire aux anges*），這句話也是說：「不知爲誰的健康而飲」。法文的「小費」（pourboire）也跟飲酒有關，打從1740年起，當人們酒酣耳熱之際，慷慨送給服務生的獎賞就說成：「*donner pour boire*」。

Dada〔達達〕
達達主義

　　「Dada」，為擬聲字，指跨騎玩具木馬，後轉為兒語「馬」之意。1916年，一群避難到瑞士的作家及藝術家在蘇黎世一家叫做「伏爾泰」咖啡酒館（Cabaret Voltaire）聚會，用一把拆信刀隨意在一本德法雙語字典上點選了這個字，做為他們反戰及反審美的代名詞。之後這群人定期聚首，並出版一份刊物《達達》（Dada）（1917-1921）挑戰理性概念的藝術觀。「達達主義」（dadaïsme）的訴求是反藝術，破壞、反叛、諷刺當代的一切事物：如戰爭、舊傳統及社會規範，表現出一種絕對的虛無態度。他們以一種驚悚或歇斯底里的心態來創作，用以激怒大眾。

　　「達達」雖然發源於瑞士，影響卻遍及德國與美國，而在巴黎達於高峰。移居美國的法國前衛藝術家杜象（Marcel Duchamp），也幾乎同一時間在紐約發表相同論調的創作，一種顛覆主義的新美學。這個既前衛且虛無主義的藝術運動也在戰後的德國找到知音，最後仍以巴黎為大本營。經過一番內

訌，以詩人布勒東（André Breton）為首的溫和派團體取得上風，並直接促成「超現實主義」（Surréalisme）文藝思潮的興起。「達達」於1925年鳴金息鼓，不過其精神卻深刻影響後世的藝術表現。

根據當中的靈魂人物羅馬尼亞籍的查拉（Tristan Tzara）的說法：「沒有教條、亦非學派、一群志同道合的人、諸多自由的面向。」它強調追求孩提純真，凸顯任意及混搭，但卻是最前衛，也最直接反映社會的一股知識、文學和藝術的反思潮流，影響及於往後的視覺藝術、詩歌、戲劇及美術設計。總之，「達達主義」並不是一個成熟的文藝流派，其藝術理念也不具任何建設性，而是在對舊秩序的摧毀。但正因為它的激進風格，反而催生了20世紀大量的現代及後現代流派。1967年，巴黎曾舉辦一場盛大的「達達」紀念會，而「伏爾泰」咖啡酒館也改成「達達博物館」。

Dandysme〔丹地斯姆〕
紈綺作風

　　「Dandysme」（紈綺作風）一詞源於英文「紈綺子弟」（Dandy），指的是一種浮華的生活模式，亦指盛行於19世紀初英、法兩地的頹廢派矯揉的文藝風格。它曾影響到法國一整代浪漫派作家。此風尚與早年資本主義大眾文化的崛起有關，1780年代，一群英國居住在蘇格蘭與英格蘭邊地的權貴子弟，經常以奇裝異服出現在教堂前或節慶活動等公共場合，因而得名，應是200年後的「龐克族」的始祖。後來此風傳至倫敦，視為一種優雅的穿著，由法國浪漫主義女作家斯塔爾夫人（Mme de Staël）於1817年引進到巴黎。

　　彼時英國文藝界大名人布魯麥爾（George Brummell）是公認紈綺作風的集大成者，他曾說「要巧飾，但不露形色」。目的當然還是要讓有心人發現！1820-1830年代，法國出現一股「哈英風」，倫敦的一切時髦玩意兒大量出現在巴黎的上流社會，包括一些時尚字眼，如「Fashion, Snob, Smart」等等。但「紈綺作風」不同於「自命不凡、孤芳自賞者」（Snob），前

者是積極的、向上提升的，是在外觀和精神上追求優雅，尤其
重視自身的衣著與用字遣詞，表現出的一種細緻及時尚風格，
但又反對形式主義及布爾喬亞式的作風。它也是一種沒落貴族
的遺風，因此被大詩人波特萊爾譽之爲「英雄主義在頹廢之中
的最後一道閃光」。

　　波特萊爾甚至將此一風格提昇到美學與道德層面，認爲它
「能銜接靈性與禁慾」，又說，它的用意就在批判及反制彼時
新興且囂張的資產階級那種市儈的文化品味。波氏還說：「紈
綺子弟應不停歇地追求高尚，他必須活在鏡子前，也必須死在
鏡子前。」英國詩人王爾德（Oscar Wilde）也是此風格的代言
人，說道：「沒有罪行是庸俗的，但庸俗化就是罪行。」20世
紀的「雅痞」似乎是它的餘緒，但總覺得少了一些文化底蘊及
那種矜持與傲慢的貴氣！

Déconstruction〔得孔斯呂克雄〕
解構

　　「Déconstruction」（解構）是德希達（Jacques Derrida）
於1966年在美國約翰霍普金斯（Johns Hopkins）大學一場推崇
「結構主義」的研討會上喊出的震撼觀念。它形同宣告形而上
學的結束，是一種「反」文化的論述，但又試圖透過詮釋策略
來拯救西方文化的危機。不管旨在探索「意義」或「存在」，
此時傳統西方哲學已與當代精神格格不入。德希達登高一呼，
不僅擊潰整個哲學界，也顛覆整個人文科學的既有論述。在他
的「解構」下，不僅「上帝已死了」（尼采語），「作者也死
了」（羅蘭·巴特語），現在連「作品（文本）也死了」！簡
言之，所有的意義世界皆須重新解讀及詮釋。

　　德希達原屬結構主義（Structuralisme）派，在看出它的致
命局限後便出走。但他的「否定」反而將該學派的邏輯推向極
限、轉化，並簡化複雜的文本，使其更具可讀性。他說：「解
構除非作為一種激進，否則沒有意義及旨趣可言。」他的「解
構」並非要消除或毀滅理性，而是「懷疑」其對權威或終極性

的認定。在這項啓發下，知識及意義的世界得以更新的面貌出現在人們的眼前，所以我們不僅有了「解構」，也有了眾聲喧嘩的「後現代」。論者以爲，德希達自身的局限在於，雖徹底否定西方的傳統價值及其合理性，但在完成其闡釋後，便一走了之，留下一個各自表述的意義世界。

平心而論，「解構」理論雖構不成是一項嚴謹的「哲學」，毋寧是一項「研究方法」，一項極具說服力的批評態度及閱讀方式。它也可以算是一種「結構」（即所謂的「後結構」），一種敞開的，而非封閉式的結構。它認爲世間並沒有固定不變的中心，反對終極觀念，主張變化及發展，強調人類主體性的自覺。總之，「解構」啓發人們的思路，爲多元發展開闢道路。

Déjà vu〔得加予〕
似曾相識

　　「Déjà vu」原意爲：先前已見過，法國文學家羅曼・羅蘭（Romand Roland）最早（1908）借用這個副詞片語，轉爲「司空見慣、了無新意的事物」。之後又衍生「從未見過」（jamais vu）、「幾乎見過」（presque vu）的說法。心理學也採用它，指一種「似曾相識的錯覺」，即是在現實環境中（相對於夢境），突然感到自己曾於某處親歷某過畫面，或者經歷過的一些事情的感覺。人們大都是先於夢境中見過某個景象，但並不以爲意，直到眞正碰到該景象時，會對這個陌生的環境突然浮現出「似曾相識」的感覺。其他研究也證實，這種感覺除了可能是夢境的連結現象外，也可能是一種超時空的意識甦醒。

　　在神經學裡也有類似的研究指「陣發性的癲癇」。佛洛依德則從精神分析的研究認爲它是因記憶錯亂所引發的生理錯覺。佛洛依德也於1919年提出另一種生理錯覺，即「懼生焦慮」（Das Unheimliche），法文譯成「l'inquiétante étrangeté」，

這裡指的反而是人們對早已習以為常，且知之甚詳的事物突然引起的一種恐懼。這種心理的震撼力道經常出現在現代主義的小說裡，尤其是存在主義小說。人們會無意間發現自己認不得自己，成了一個「陌生人」，尤其四下無人面對鏡子的時候，或者，突然發現自己成了「家鄉的異客」。

許多人都曾有過「似曾相識」的體驗。在英語世界裡，這種機能被廣泛「挪用」在藝術創作上，如繪畫、音樂等，因為許多藝術創作經常是在一種「狂癲」或靈感併發的狀態下完成的，也包括攝影（日文將之譯為「既視感」）、電影（尤其是許多靈異作品）。許多靈魂學研究則將之視為「前世今生」的重要線索。最新的用法就是，批判某些政治人物「換了位子，便換了腦袋」自打嘴巴的論調。

Encore！〔安可〕
安可！

　　「Encore！」這個感嘆詞幾乎快不是法文了，至少在表演藝術界（尤其是音樂表演）裡更是如此。雖然它明明是法文，但法國觀眾若要求再來一個，再演一次，再唱一曲時，喊的卻是「Bis！Bis！」，且也不會像英語世界的觀眾那樣粗魯又大剌剌地喊道：「Encore！」（再來一次！）換言之，法文「encore」並沒有「再加演一下」之意。法國觀眾如果激賞演出，會先起立大聲擊掌，口中大喊：「Bravo！」（太棒了！）。這個喝采聲借自義大利文，指「英勇、極好」之意。17世紀義大利歌劇橫掃歐洲之際便已響遍歐陸各大劇院。

　　「Encore」源於拉丁文，表時間副詞，指「尚且、仍然」，直到1080年才有「再、又」之意。大約1599年傳進英語。此處「Encore」若做為「安可曲」，應視為「英文」，它既當感歎詞（即「安可！」），又當動詞，以及名詞（即「安可曲」）。或者當成「世界語」，因為幾乎每個表演場所都可以聽到這個感歎詞，同時也直接被用在許多歌曲、專集、影

集、電影、雜誌、商品等等。做爲副詞，「encore」在法文裡的意思極爲豐富，單單轉譯成英文就有：「still, yet, again, more, also, even, but, at least, nevertheless」這麼多的意涵。

推究原因，可能是17世紀隨著表演藝術的流行，「Encore！」成了劇院裡的專門用語。英國觀眾覺得意猶未盡，要求義大利表演團體「再加演一下」（Ancora！），然後直接用法文大喊「再一次！」（Encore！）因爲彼時英國的上流社會都會說上一點法文。「Encore！Encore！Encore！」如此短節奏又響亮的呼聲便沿襲成習慣，演出者應觀眾喝采，謝幕後重新演出一段，或加奏一曲。妙的是，這種體制外、臨場、即興的演出，如今早已建制化。所有的演出者事前都會備妥「安可曲」，一副吃定觀眾的品味。

Existentialisme〔艾克斯當西阿里思姆〕
存在主義

　　「Existentialisme」（存在主義）的概念源於丹麥哲學家齊克果（S. Kierkegaard）的思辯（1845），傳入德國才擴大影響，也包括尼采的唯心論、胡塞爾（E. Husserl）的現象學和海德格（M. Heidegger）的「此在」（Dasein）的探索，是一種凸顯個人存在的哲思。1937年，德國哲學家雅斯培（K. Jaspers）將之引進法國，之後由馬色爾（G. Marcel）、沙特等人加以發揚光大，1945年後盛行於西方世界，而幾乎就是當時唯一的哲學思考。因為它提供了戰後知識分子一個重要的出口，並透過沙特的名言「存在先於本質」（*L'existenc précède l'essence*）而達到高峰。

　　存在主義像一種行動哲學，也是一種文風，一股時尚，一場社會運動及訴求。它深刻反映了戰後西方社會的「時代精神」，即個人的存在、抉擇及自由高於一切。透過文學作品，它表達了二次大戰後一代的心聲：恐懼、厭煩、異化、荒謬、自由、介入、虛無等等情緒。1960年代末，存在主義哲思的熱

潮逐漸褪去，但仍在許多其他地區引起廣大迴響。不過，人們大都忽略了此一思想的「積極性」，而偏向批判它的「個人主義」與「虛無主義」。

　　存在主義更像一種現代思潮，是一種人本的哲學，用以對抗過渡了的「觀念的哲學」以及「物的哲學」，可說是人類史上影響層面最廣的哲學論述，幾乎也就是一種流行時尚，有冠上「存在主義」頭銜的各式社會科學研究，甚至出現「存在主義畫家」、「存在主義音樂家」等等用語，以至於包括海德格、卡繆（Albert Camus）等人都公開否認自己是「存在主義者」──這個詞可以泛指1945-1960年間那群追逐「存在主義」思潮、風尚及服飾的年輕一代。沙特雖領導這股社會運動，也強調他的「存在主義」是一種「人道主義」。總之，作為西方社會的一項反思，其致力於理解及詮釋的實踐，依舊影響著當代許多重要哲思，如解構主義、後現代論等等。

Figaro〔費加羅〕
費加羅

　　「Figaro」（費加羅）原是18世紀作家博馬舍（Beaumarchais）代表名劇《塞維勒的理髮師》（*Le Barbier de Séville*, 1775）裡的主角。此劇中人八面玲瓏、但丟東落西，卻十分討好。他的續作《費加羅的婚禮》（*Le Mariage de Figaro*, 1778）亦獲廣大迴響。莫札特（Mozart）於1786年將它改編為歌劇，更家喻戶曉。1816年義大利作曲家羅西尼（Rossini）亦將前劇改編為歌劇，亦膾炙人口。最後，「figaro」竟成了義大利文「理髮師」的代詞。1867年法文也回過頭來接受了這個詞意。

　　「理髮師」二劇啟迪彼時新興資產階級的覺醒，也間接促成法國大革命。法國最資深的大報《費加羅報》（*Le Figaro*）的前身為一諷刺週刊（1826），即取其名，並以中下階層代言人自居，以消息靈通人士自況。蓋彼時也只有王公貴族及權貴人士才理得起髮。復以東家長西家短的，理髮師自然成了最佳消息傳播者，也撮合不少曠男怨女，扮演起「紅娘」（「她」

也是一部中文小說的人物）。

　　當初《費加羅報》的別名就叫《博馬舍的報紙》，並且引用博馬舍在劇作裡的名言當座右銘：「沒有譴責的自由，就沒有令人歡心的讚美！」1866年改為日報，在「巴黎公社」期間因反對暴民行徑遭到停刊，復刊後受到資本家及保守派的高度肯定，從此也替它定了調子，雖數度易手，其政治立場一直位處中間偏右。此報廣告部門的銘言則是：「在經濟領域我們支持自由貿易，在觀念領域亦同！」而這份保守的報紙卻在網路世代異軍突起，成了法國點閱率最高的報刊網站。過去該報因經常聘請多位法蘭西學院院士擔任社論主筆，而有「院士報」（Journal des Académiciens）的雅號。此外，不少文豪也都曾是他們的主筆，如：喬治桑、左拉（Émile zola）、普魯斯特、莫里亞克、紀德，甚至連政治立場極左的沙特也主動將他的〈美國紀行〉交給他們刊行。

Filer à l'anglaise〔菲雷 阿 朗格累斯〕
落跑

　　「*Filer à l'anglaise*」（英國式開溜），爲法國人反制英國人批評他們沒禮貌，中途不告而別的相應語。英語較早使用「*Take the French Leave*」（悄悄溜走）。世人咸信莫泊桑率先發難（1889）採用此種說法予以回敬，不過，用的卻是最通行的動詞「sortir」（離開）。由於法國人「反英」乃舉國共識，這種說詞隨即迅速流行，並改以最俚俗的字眼「filer」，更顯傳神無比。蓋此字源於「紡紗」，後衍生爲「跟蹤、流通、進行、溜跑」等意。「*filer à l'anglaise*」指不告而別，即未向主人「告退」（prendre congé），便先行離去。在彼時上流社會裡，這已是罪不可逭的犯行，後來，凡指怯場落跑開溜者皆屬之，如：「*s'esquiver à l'anglaise*」。

　　英法同盟，又是兄弟之邦，卻相互較勁，加上「百年戰爭」歷史宿仇，彼此挖苦譏諷「吐槽」的用語一向盛行於英法兩國，譬如：法國人稱英國人爲「Rosbif」，因爲他們酷愛食牛肉；英國人則回敬以「Forg」（愛吃青蛙）。稱英國人發明

的男用保險套爲「capote anglaise」（英國式帶風帽的長大衣），
或簡稱「capote」。目前法文裡的通用詞爲「préservatif」，
稱月經來潮爲「*Les Anglais sont débarqués*」。不過，英國人也不
甘受辱，直到現在都還稱男用保險套爲「French Letter」。
「French Kiss」指「舌吻」，美國俚語裡「French」指「口
交」，「frenchy」指「膚淺、輕浮的法國調調兒」。

　　不過，法國18世紀的「啓蒙運動」確實受到英國的「啓
蒙」，英文大量引進到法國是在1820-1830年代，當時英國社
會所有的時髦玩意兒及用字都照單全收，甚至拿破崙三世在
1830年代也曾流亡英國，亡命時期的戴高樂將軍也多虧邱吉爾
（Winston Churchill）的收容。同樣的，英國人自己也不愛吃
他們的「英國菜」（在法文裡「la cuisine anglaise」是指難以下
嚥的東西）。法文一直是英國的「第一外語」，英國王室成員
幾乎沒有人不會說法語！歷來英國人所做的法國研究，讓法國
學者都折服。

Flâneur〔弗拉納兒〕
閒逛者

「Flâneur」（閒逛者），動詞為「flâner」，源於北歐斯堪地語，原指「東奔西跑」之意。17世紀隨維京海盜南下，傳入諾曼第。19世紀初引入法文，但「馴化」為「無所事事地漫遊閒逛」。如今，它已成為都會新貴反制機械化生活的一種生活策略。最早為之「加持」的功臣是詩人波特萊爾，不過，巴爾札克卻認為這個詞是「游手好閒、不事生產」之意。英文裡也照收這個詞，不過，卻取其負面意涵，指「浪蕩子、游手好閒者」。

波特萊爾於百年前即已感慨「城市的面貌變得比人心還快」，又顧影自憐指出「閒逛者是富有想像的孤獨者」；又說「想要做個完美的閒逛者及熱情的觀察者，就得走入人群，唯有在那兒才能找到無限的歡愉」。之後，德國當代哲人班雅明（Walter Benjamin）將「閒逛者」建制化。班氏既是波氏作品的德文譯者，亦是忠實信徒。班氏認為「閒逛者」是漫無目標遊蕩的生活家，既消磨時間，又不讓時間成為自己的時間。如

此，才能縱橫古今、出入各家（作品），並讓自己成為居中的「擺渡者」（passeur）。

不同於「散步者」（promeneur）這種孤獨的行人，也不同於「看熱鬧者」（badaud）那樣無主見，「閒逛者」可說是一個積極的社會觀察家，在某層意義上，他極可能就是社會的代言人、詩人，甚至創造者。近來，隨著「空間」（espace）概念的擴衍及探究，「閒逛者」的地位更高度受到肯定，他除了可以悠閒自在的進出具體空間，也可以隨心所欲地遊走於諸多想像空間，帶著他的意識，走進歷史，走進文本，做兩度空間，甚至三度空間的漫遊。他可以發現社會每個角落的美，也可以輕易預見未來。我們的社會實在太需要更多的「閒逛者」。

Foie gras〔富瓦 格拉〕
鵝肝

　　「Fois gras」（鵝肝）是法國的獨門佳餚，歐洲人將鵝肝與魚子醬（caviar）、松露（truffe）並列為「世界三大珍饈」。全世界近八成的鵝肝皆是法國貨，年產量高達18萬公噸（2004），產值約八億美元。以生鮮煎烤或醃製，若再搭配松露調理，談之即足以令人垂涎三尺。但「鵝肝」並非全然由鵝肝製成。目前法國的正統鵝肝製品尚不及3%，其餘皆取自鴨肝（雄鴨）。且「fois gras」一字也只是「肥肝」而已。指的是對成鵝或成鴨強行灌食，令其快速肥胖，讓其肝臟變成肥大的脂肪肝，然後宰殺取肝，醃製而成。

　　古埃及壁畫即已出現養鵝取肝的圖像，醃製的肥肝更是古羅馬人的桌上珍饈。隨著西元四世紀羅馬帝國的衰亡，鵝肝這種食物也幾乎失傳，只有猶太人保留下來，並出現在地中海一帶的餐桌上。16世紀義大利人將肥肝推薦到路易十五的宮廷，從而風靡全法國。不過，因密集強行灌食（二至三週）極不人道，引發動物保護協會控訴。但法國人在捍衛傳統美食上絕不

退讓。最後歐盟依「國家傳統」加以認可，但也呼籲法國農戶可要儘量「鴨道」或「鵝道」一點！法國也於2006年立法認定「鵝肝爲法國文化及美食資產，政府應予以保護」。不過，2009年11月10日的一項民調顯示，44%的法國人反對吃鵝肝，63%認爲鵝鴨受到虐待。

「鵝肝」在法國餐裡屬於前菜，由於成本高昂，一般法國人通常只會在大節日（例如耶誕節或新年）才享用。常用的吃法是將鵝肝醬塗抹在麵包上食用。至於正餐則分兩種吃法：「半熟鵝肝」（demi-cru）及「煎鵝肝」（grillé）。後者要求許多烹飪技巧及需要掌握非常好的火候。不過，有過敏體質的人不宜多吃。目前除西班牙是僅次於法國的鵝肝消費大戶外，許多國家都禁產鵝肝（包括以色列）或禁售（如美國芝加哥、加州將於2012年起設禁）。

Foot〔扶特〕
足球

　　根據「國際足球協會」（FIFA）2004年的認定，足球最早起源地應是中國，古代中國的「蹴鞠」就是現今足球運動的雛形，早在2,300多年前，「蹴鞠」就已流行於山東臨淄一帶。《戰國策》和《史記》皆有記載，到了隋、唐，「蹴鞠」和佛教一起傳到日本，當今韓語及日語裡仍可見稱足球為「蹴球」的用法。另據新近出土的一尊浮雕（西元前400-375）顯示，幾乎在同個時期（古希臘—羅馬時代），「踢球」即以馬戲團的形式出現在地中海一帶，且極為盛行。另一說，「足球」起源於英國，法國史家則考證，布列塔尼12世紀就有踢足球的記載，比英國尚早了些。不過，現代足球的風氣和規則確是起源於英國。1863年10月26日，「英國足球協會」誕生，這一天也被當成國際「足球日」。

　　「Foot」是英文「Football」的俗稱，1872年已見諸法國文獻。原因是法國的英語老師帶學生團到英倫研習語言的所見所聞。此外，居住在巴黎的英國僑民也經常在法國人眼前對

疊，因而逐漸受到重視。「國際足球協會」則於1904年由法國
體育總會發起，在巴黎成立的，後來才遷往瑞士蘇黎世。目前
法國踢足球的人口近400萬人，戰果相當輝煌：一次世界冠軍
（1998）、二次歐洲聯賽冠軍（1984、2000）。國家代表隊的
別號叫做「藍軍」（les Bleus），隊徽則是那隻高盧公雞。

　　法國人一下子就愛上這個極為平民化的體育項目。曾經加
入足球隊擔任守門的作家卡繆經常在作品裡提到足球，他還說
過：「我對人類的道德和義務所知的一切全都來自足球！」雖
然法國在「國際足球協會」的最新排名第七，但足球就是法國
的「全民運動」，以及日常生活最主要的話題。有云：不懂足
球、不懂政治、不懂葡萄酒，休想打進法國人的生活！足球不
僅是法國人最重要的體育活動，也是主要的娛樂（電視實況轉
播）及商業活動。1998年在巴黎北郊蓋成一座可容納八萬人的
新式足球場（Stade de France），隨即就迎接那場世界冠軍，當
夜有超過100萬瘋狂的民眾擁上巴黎街頭狂賀！

Francophone〔弗蘭科封恩〕
法語人

「Francophone」是指「能講法語的人」，全球目前能操法語的人口約兩億人，排名世界第九大語種。但以法語為母語的人口卻排不進世界前十大。「Francophonie」是指「說法語的地區」。1960年代起，這兩個詞才開始有政治意涵。1986年法國結合56個國家（另有14個觀察會員國，合計人口數可達8.7億人），組成「法語國家高峰會議」，並在內閣設立「法語區事務部」。1995年又成立「法語國家國際組織」（OIF），其基本宗旨就是透過共通的「法語」，作為法國外交政策的籌碼，並共同訴求「多元文化主義」。目的就是要與以英、美為首的「英語世界」相抗衡，並提高法語的使用及曝光率。

法國很早就效法「大英國協」，組成「法蘭西國協」（Communauté Française）（1946），但隨著全球「去殖民化」運動的態勢而消聲匿跡，直到1980年代，密特朗總統的左派政府才大力耕耘「第三世界」。之後法國政府順勢推動成立

「法語國家國際組織」。1998年起，在全球各地擴大舉辦「全球法語日」（Journée internationale de la francophonie）活動，每年3月20日全球會排出上千場推廣法語及法語區文化的活動。台灣法語界也於2002年跟進開辦，主要預算還是來自法國政府的補助。

　　根據聯合國的資料，就書寫及文化資源而言，法文僅次於英文。法語也是國際間最廣泛使用排名第二的語言。早在1883年，有鑑於敗於普魯士強兵之下，法國有識之士即建議以「文化」反攻，在細菌專家巴斯德（Louis Pasteur）及科幻小說大師凡爾納（Jules Verne）等人的催生下，成立「法國文化協會」（Alliance Française）在全球各地推廣法國文化。目前該組織已在全球136個國家設立超過1,000餘個「法語中心」，每期招收46萬名學生。台北及高雄兩地皆設有此機構，每期也有上千名社會人士及學生前往學習。總之，法語及其文化早已成了法國外交的主要王牌了。

Fromage〔弗羅瑪吉〕
乾乳酪

「Fromage」（乾乳酪）源自古希臘文「*formos*」，為「容器，模子」之意。又稱「起士」（Cheese，音譯自英文），與德文「käse」、西語「queso」、義大利文「cacio」皆源自拉丁文「*caseus*」（乳酪）。它是法國最普及的食品，拉封丹（La Fontaine）改寫古希臘寓言，還刻意將〈狐狸與烏鴉〉故事裡爭奪的掠奪品「塊肉」改為「乾乳酪」，可見乾乳酪引人垂涎的程度。二次大戰期間，戴高樂流亡英國，戰爭尾聲，勝利在望，邱吉爾半調侃的恭賀他，爾後可大展宏圖。當下戴高樂回了一句有關乳酪的至理名言：「要我如何能治理好一個擁有246種乳酪的國家？」這裡「乳酪」成了「品味」、「信仰」，甚至相持不下的「立場」！實則，法國目前乳酪（包括液狀）品種已超過1,000種。

乾乳酪已有數千年歷史，盛產於農牧地區，由於不易保存，遂將變質的乳粒瀝淨，再撒鹽曬製成塊狀。早在古羅馬時代，乳酪即為山區居民餐桌上的主要食品。由於帶有濃烈酸腐

氣味，一向難登高雅大宴，但卻是家宴必備饌品。目前，法國每人年平均吃掉24公斤的乳酪。全球的年產量為各類食品及飲品之冠，多達1,800萬公噸（2004），其中美國占第一，其次是德國，但法國皆沒將這兩個國家看在眼底。因為就出口量及產值而論，法國皆排名第一。法國人還視他們的乳酪為國家文化資產，自2001年起更選定3月29日為「乳酪節」。

　　法諺有云：「沒有乾乳酪之餐，好似美女少了明眸。」即便是令人食指大動，垂涎不已的法國大餐，乾乳酪也是少不了的組合，搭配不同種類葡萄酒更是一門奧祕的學問。另俗語「水果與乾乳酪之間」（entre la poire et le fromage）雖意為「酒足飯飽之後」，卻暗指「可暢所欲言，談起正事的時辰」，因為法國人絕少願意在餐飲中談正事！

Galerie〔加勒里〕
拱廊、畫廊

　　「Galerie」原指「教堂的門廊」，1316年引自義大利文，1336年轉為迴廊、拱廊、走廊、遊廊，或「商店街」，或「騎樓」，也當「畫廊」、「陳列室」。「Galerie」是巴黎右岸最著名、最有歷史價值的「景觀」它的具體濃縮，就是目前碩果僅存的19條「拱廊街」，亦稱「arcade」或「passage」。鑽研「拱廊街」有成，並令其起死回生的德籍學者班雅明寫了一部遺作《巴黎拱廊街計畫》，說它「就是一座城市，甚至就是一個微型世界。」而巴黎就是「人類19世紀的首都」。他也從中悟出一種超現實的幻覺，認定它就是人類的救贖！

　　「拱廊街」的概念可能源自波斯及阿拉伯世界的市集（bazar），並受到英國商店街（Gallery）的影響，1815年拿破崙退位、王權復辟後，便公開歡迎資本主義的進場。法國人稍作改良，大量採用當時法國已獨步發展且臻於完善的玻璃工業，配上新興問世的鐵材，若干藝術巧思如街燈及照明等等，將許多原本熱鬧的街坊加蓋，並飾以點妝，或改裝原王公貴族

的豪宅，成了可遮風避雨、悠閒自在的購物及休閒空間。當今奧斯曼大道上的「老佛爺百貨公司」（Galeries Lafayette，創於1894年）那龐大透明的圓拱頂便是最好的見證。19世紀著名詩人波特萊爾就曾語帶激賞地在其作品〈窗〉散文詩裡寫道：「我望著波浪般屋頂的另一端……」。

　　如果巴黎塞納河「左岸」代表人文的巴黎，那麼「右岸」就是資本主義商業的巴黎，「拱廊街」在日籍學者鹿島茂眼底則是「如詩交織的時間甬道」。他追隨班雅明的步伐，替拱廊街做了精彩的「見證」：「那宛若博物館的燈飾與浮雕、時尚的鑲嵌彩繪地板、木製與鐵製的高聳天井、一家家販賣奇妙時髦物品的精品店、商店……。這是真正的巴黎風味。」換言之，19世紀的巴黎還留在塞納河「右岸」這19條拱廊街裡！

Gourmandise〔估芒地斯〕
愛好美食

　　法國人好吃擅飲，所以出佳餚美饌。但有兩個相關字眼經常混淆，一是「gourmand」（講究美食，吃客、老饕也），另一是「gourmet」（精通饌飲，鑑賞行家也）。兩字同出一源，各自闖出一片天空。

　　「gourmand」的經歷尤其最爲傳奇，原指極負面的「貪食、嗜吃、食慾旺盛」，致而被基督教打爲七大罪愆：「驕傲、嫉妒、貪食、不貞、憤怒、貪婪、懶惰」。16世紀一位大學者艾斯提安（Henri Estienne）還警告說：「貪食者如以齒掘墓」。18世紀後逐漸「撥亂反正」，指的是「愛好佳餚」，甚至「求知若渴」之意。它的派生字「gourmandise」成了「可口美味的菜餚」（1835）及「酷愛美饌」。2003年元月一群好事者還向教宗若望保祿二世（Jean-Paul II）提出請願，希望將法文本《聖經》裡的「gourmand」（貪食）改以「goinfrerie」（狼吞虎嚥）或「gloutonnerie」（貪食暴飲），並強調「gourmandise」目前亦具有「分享、歡愉」之意。

　　西方保守傳統是譴責「好吃客」的，如「*manger comme un ogre*」（暴食者；饕餮之徒），或「*L'appétit vient en mangeant*」（越吃越想吃，貪得無厭）。19世紀初的一位著名美食家布里亞（A. Brillat-Savarin）說過：「愛好美食乃人類獨有之特長。」又說：「人皆需進食，唯智者知道如何進食。」法國史上最好食的作家巴爾札克說過：「美食是有德性的修士的罪愆。」原籍羅馬尼亞的哲學家西奧蘭（Emil M. Cioran）分析說：「進食是一種儀式、一種文明的行為，也是一種哲學立場。」普魯斯特講得更明白些：「餐桌為文化發展的最理想地點。」又說：「餐桌上的話題乃是理解西方潛在文化的最佳管道。」根據新近的調查，86%的法國人（排名第一）認為吃乃是生活中最大的樂事！簡言之，不懂得法國的吃，就不可能搞懂法國文化！

Guillotine〔吉歐汀〕
斷頭台

「Guillotine」（斷頭台）是法國大革命的著名產物。法國人可以一邊高喊「博愛」，一邊整批處死政敵，一邊又以「人道」之名設計出鋒利的斷頭台。「大恐怖」（La Terreur）期間，一年內（1793-1794）就有近二萬人慘死斷頭台上。最著名的便是國王路易十六和王后。估計約有四萬人死於這個刑具，直到1977年砍下最後一顆腦袋，才塵封送進博物館。

法國的死刑種類非常複雜，針對不同的內容、不同的罪名，便有不同的死刑執行方式。比如同樣是故意殺人罪判處斬首刑，對貴族就要用寬刃劍來執行，對平民就是用斧子。針對強盜、盜竊、詐騙錢財之類罪名的死刑，平民只能上絞架，貴族依然可以「享受」斬首。對於「叛教」或者傳播異教、巫術罪名者，則要採用活活燒死的火刑。直到1791年，國民議會立法「斷頭台為唯一合法執行死刑的方式」。在1981年法國廢除死刑之前，「斷頭台」都與死亡劃上等號。

「斷頭台」源自義大利，16世紀即有這種刑具。1789年內

科醫師兼議員吉歐丹（Joseph Guillotin）基於人道考量（他本
人是反對死刑的），向制憲議會提議採用這種刑具，議會只通
過「死刑前人人平等」，一律改採斷頭刑。直到劊子手不勝負
荷。議會才通過吉歐丹的提案，並委請外科醫師路易
（Antoine Louis）加以改良。故原先稱它為「Louison」或
「Louisette」。後來國會記者們不滿吉歐丹的某些作風，改稱
它為「Guillotine」，沒想到卻成了「始作俑者」，害得他的子
孫不得不從此隱姓埋名。第一個送上斷頭台「試刀」的罪犯是
一名搶匪，他於1792年4月25日人頭落地。隔年國王路易十六
夫婦先後魂斷「斷頭台」。傳說，路易十六被帶向斷頭台時，
要求一名押犯替他傳話給王后，押犯當下拒絕：「我是負責押
你上斷頭台的，不是來傳話的！」一時傳為經典。

Haute couture〔歐特 估蒂予〕
高級剪裁

「高級剪裁」（Haute-couture，或譯「高級訂製服裝」），這種專爲富豪權貴量身訂製錦衣華服的活動，曾盛行於近代歐洲權貴圈內。1857年一位定居巴黎的英國人沃斯（Charles Worth）首開風氣之先，在巴黎開設了一家豪華服裝店，並安排年輕貌美模特兒做活體衣架子，而開啓了「高級剪裁」的新頁。沃斯極有創意，又能結交權貴拿破崙三世皇后歐仁妮（Eugène），並成立「巴黎服裝公會」。由於19世紀末及20世紀之交的法國巴黎乃名副其實的「世界之都」，因此短短幾年，就讓巴黎成了國際公認的服裝中心，且歷百年不衰。

1970年代起，這種絕無僅有，具流行取向、但又朝生暮死的絕世風華衣裳，隨著美國新富、阿拉伯石油暴發戶的遞減，以及新質材問世、機器化生產，而逐漸式微。目前估計全球僅有1,000多名固定買主，當中法國人不足一成。總之，當前十來家被法國政府選定的「高級剪裁」名店已自動將之降格爲「時裝成衣」（prêt-à-porter）店。這些店家以朝向將精心設計

縫製出來的「高級剪裁」當作品牌櫥窗，或流行概念，再用以
開發時尚精品、香水及化妝品來獲利。

　　近來，法國政府積極介入，輔導並協助業者，成立「高級
訂製服裝同業公會」，並訂下極嚴格的入會資格：必須完全在
法國工作坊手工縫製、規定僱員及樣式數量，以及走秀展示配
額等等，因為做出一件衣裳不僅曠日費時，成本更可能高達十
萬歐元之譜。此外，國際的競爭（尤其是米蘭及紐約）更是虎
視眈眈。儘管主客觀環境皆不利於法國繼續獨占全球「高級訂
製服裝」市場，但巴黎還是且永遠會是世界時尚之都、創意之
都。每年春秋兩季的夢幻走秀也成了展示藝術理念、領導流行
趨向，甚至宣揚國威的活動。

Huître〔伊特兒〕
生蠔

　　「Huître」（即「牡蠣」，亦稱蠔），源自拉丁文「*ostrea*」，古羅馬時代即有海濱捕蠔（huître，或稱「蚵仔」）記載，或生吃或熟食。百年前法國才開始養殖，並逐漸採生吃（最多擠上新鮮檸檬汁或搭配冰鎮白葡萄酒），並蔚為風氣。此物以冬季最為可口衛生。法國老饕都知道，法文月份字母裡有「r」的月份才食用，即排除5、6、7、8月熱天吃生蠔。一說因適逢繁殖期，肉質較差之故。目前法國年消費量達15萬公噸（自產僅13萬噸）。觀光客亦居功厥偉，人人渴望嚐鮮這道法國佳餚。

　　美國人一向拒斥生蠔，視為不潔且野蠻。而法國人則視美式「奶油烤蠔」吃法古怪，又難於下嚥。殊不知這種食法亦源於法國，由早期法裔移民帶進新大陸路易斯安那。再者，法國亦非蠔的原產地，葡萄牙人最早定期自印度引進，有回運輸船在法國西南部海岸沉船（1868年），因海水優質而繁殖出肥美生蠔。1971年法國生蠔感染莫名病毒，悉數死亡。政府緊急自

國外引進新種。最後日本的「Gigas」品種最能適存。是以，日本生蠔救了法國人的口味！2008年夏，因大西洋沿岸溫度過高，亦有近四成牡蠣蠔死亡。

　　蠔為有「海中牛奶」之譽的海洋生物，富含人體必需的蛋白質和微量元素，尤其在生食時其營養價值極高。法國最上等的生蠔主要產於西海岸馬漢恩（Marenne-Oleron）一帶，一般先在各地養殖完成後，再放進此地海域，以舊式黏土鹽田改建而成名為「Claire」的培養池裡，予以「精煉」半年，之後便以「Speciale de Cfaire」生蠔的名號上市。由於這種培養池的池水裡含有大量可讓蠔肉更豐碩鮮美的浮游生物、藻類、礦物質，因而品質益發出類拔萃。通常，法國家庭會選在耶誕節及跨年大餐時享用。餐館提供現開12顆一盤，或半盤6顆，並以0-5號排大小，號碼越大，顆粒越小。

Impressionnisme〔安培雄尼斯姆〕
印象派

　　「Impressionnisme」（印象派）是西方現代主義藝術運動的啓動者。他們反對制度化、規範化的古典主義藝術風格，要求反映新的社會特徵，即工業革命及其一切具象，並提出一套新的美學：客觀地觀察世界、具體呈現感情。其共同特徵爲：採用多色並列、以光線爲主體、不加背景逸事。在這股盛行於1874-1886年間的前衛藝術的啓迪下，持續在20世紀初出現了許多嶄新的視覺革命，如野獸派（色彩的解放）、立體派（造形的解放）、超現實派（想像力的解放）。這群當代美術的「詮釋者」也同樣啓迪了當代音樂，最著名的就是「印象派音樂」作曲家德布西（Claude Debussy）及其曠世名曲〈月光曲〉（*Clair de lune*, 1890）。

　　「Impressionniste」一詞原指「主觀、膚淺」，爲藝評家勒華（Louis Leroy）於1874年針對一群前衛年輕藝術家聯展的譏諷之語，此聯想來自莫內（Claude Monet）作品〈印象・日出〉（*Impression, Soleil levant*）。多虧這位藝評家的「定位」，

「印象派」主導了西方近百年的美術發展、巴黎成了全世界頂尖藝術家的聖地，他們更有了自己的歸宿 —— 奧塞美術館（Musée d'Orsay）！

「印象派」最讓人津津樂道的是他們的反叛與抗爭的精神，透過持續不懈的爭取，不僅衝破了已奠基200多年的「學院派」（即「沙龍展」）的霸局，連皇帝拿破崙三世（Louis-Napoléon）都同意特別爲他們提供展所（沙龍落選獎）。他們「爲藝術而藝術」的精神也獲得著名作家左拉的高度肯定：「繪畫給予人的是感覺，而非思想」。這股震撼的觀念才是「印象派」的最深刻貢獻。事實上，就繪畫技巧而言，還是多虧印有「浮世繪」（Ukiyo-e）圖案的日本包裝紙，那種誇張不對稱及俯角大前景的構圖，震驚了這一整批的前衛畫家。莫內曾大量蒐集浮世繪版畫，梵谷（Vincent Van Gogh）更直接臨摹，竇加（Edgar Degas）的〈舞蹈課〉（*La classe de danse*, 1874）便是最具代表性的作品。

Jeu〔熱〕
遊戲；賭博；競技

「Jeu」爲一個多義的法文，拉丁字源爲「玩笑」之意，後延伸爲：「遊戲、賭博、規則、競賽、賭注」，甚至「利害關係」（enjeu）等等，也包括參賽者的技巧、個人或團體的策略、組織或器官的作用、操作空間，甚至韻文劇，如法文最早的戲劇戲碼出現在12世紀的《亞當劇》（*Jeu d'Adam*）。「jeu de Mars」在雅文裡指的是「戰爭」，「hors jeu」指足球賽裡的「越位」，體育競賽時當裁判高喊「Jeu!」，即表示「比賽結束！」。

「Jeu」的複合詞更不勝枚舉，如「jeu de hasard」（碰運氣的賭博遊戲）、「jeu d'argent」（賭博）、「jeu de mots」（雙關語）。另外，較爲熟知的如「Jeux Olympiques」（奧林匹克運動會），這是1896年由法國人顧拜旦（Pierre de Coubertin）努力奔走予以復興迄今。或「jeu de boules」（滾球遊戲，另一說法爲：「pétanque」），它是一種流行於法國南方的戶外擲滾球活動，當然比賽者也會下注賭博，且幾乎就是

南方人的「國粹」（jeu national）。此外，還有法國史上的大
事件「網球場誓言」（Serment du Jeu de paume），平民代表於
1789年6月20日在此要求路易十六立憲未果，最後引爆了法國
大革命。

　　一般法國人皆愛玩各式各樣的「益智遊戲」（jeu de
société），這是一種有處罰辦法的智力遊戲，通常見於聚會或
同遊作爲消遣打發時間之用。還有電視上熱門的「拼字大賽」
（championnats d'orthographe），以及每份報章雜誌上必有的
「填字遊戲」（mots-croisés）。法國人也相當嗜賭，估算每年
檯面上的賭金可達170億歐元，其中各式彩券占了80億歐元、
賭馬70億、賭場20億。不過，檯面下的金額遠遠會高於這個數
目。其中，彩券的政府抽成全數交給社福部門，體育彩券則單
獨交給體育單位統籌分配，以達到「物盡其用」的理想。

Kiosque〔基歐斯克〕
書報攤

　　「Kiosque」原為「公園裡供人休憩的涼亭」之意，16世紀末借自義大利文「Chiosco」，該字來自土耳其文「Kösk」，此字又源於波斯文「Kush」。引進法國後專指具東方色彩，有圓頂，四邊透空的景觀亭子。法國人將之改良為「露天演出的音樂台」（kiosque à musique, 1885），巴黎盧森堡公園裡即有多座這種音樂台。或將之搬至街道旁，當做書報攤（kiosque à journaux, 1848）。1980年代出現新款書報攤，即沿襲了東方亭子的概念，矗立在重要街頭的人行道上，還因設計新穎，陳列得宜，屢獲國際建築界肯定，成了巴黎街道最醒目的裝置！

　　1990年，法國最富盛名的文學獎「龔固爾獎」（Prix Goncourt）竟頒給一位名叫「Jean Rouaud」的書報攤販子。這不僅從此改變這位名不見經傳，年僅38歲的文壇新秀的命運，也讓人們開始以不同的眼光看待路邊這群「文化工作者」！

　　塞納河畔的舊書攤（bouquiniste）則擁有更悠久的歷史。

這些舊書攤沿著河岸兩側綿延了三公里長，合計約有900個攤位，並已被聯合國教科文組織認定為世界文化資產。早在16世紀，河邊即出現不少流動舊書販子，但一直受到合法業者排擠及官方的取締，直到1859年才有合法固定攤位。從此，這兒成了巴黎最具人文特色的景點，出售各式各樣的舊書、孤本，成了讀書人搜奇會友，流連忘返的最佳場所。1980年代以降逐漸破落，淪為專售風景明信片及紀念品的小攤。1989年，時任市長的席哈克簽署了一項舊書攤管理辦法，統一並規定大小規格，並將它們全都漆成暗綠色，俗稱「綠盒子」（les boîtes vertes）。只是光景不再，營收都成問題，市政府只得再撥款「僱用」他們，以維持一點歷史門面。

Lèche-vitrines〔萊施 維特伶〕
舔櫥窗

　　「Lèche-vitrines」是個十分傳神的字眼，出現在1950年代，由「舔」（lécher）及「櫥窗」（vitrines）合併而成，指的是「幾乎舔上商店櫥窗地貼近觀看」或「逛街看櫥窗」。巴黎的商店櫥窗風光獨步全球，沿街開逛（flâner）可謂一大享受，也是最地道的生活藝術之旅。早在19世紀初，隨著資本主義商業行為的興起，以及新式玻璃質材的問世，還有法國人特有的巧思，巴黎就以它的拱廊商店街（passages）和玻璃櫥窗而聞名，它也是「現代性」的重要指標及特徵，一開始便吸引無數追求資本主義幻覺者的駐足，甚至流連忘返。1870年，巴黎整治完成，美輪美奐的香榭大道，以及塞納河右岸許多商業大衢的美觀雅致，更是令人目不暇給。

　　「Vitrine」一詞源自「vitre」（玻璃窗），1836年便應聲出現，作為商店門面，招攬顧客注意的玻璃櫥窗，以及商品的擺設及陳列。如今，它早已提升到一種「視覺饗宴」：無論美學、創意、感覺、休閒、名牌、流行，甚至舞台效果、民族風

格、美感經驗，以及異國情調等等，皆匯集在如此小小的透明世界裡，一再地衝擊世界各地慕名「朝聖」的遊客。它的迷人之處，在於無論大街或僻巷，無論奢侈檔次，皆處處有創意、有巧思，讓人無時無刻處在驚豔的高昂情緒之中。這是人們，不分男女，不管拜金與否，遊巴黎時最大的滿足與安慰。它也讓任何一本「巴黎櫥窗漫遊」（Paris Showcase）無法盡言，具有非得「眼見為信」的魔力。

「Lécher」一詞源於荷蘭文「lecken」，延伸為與「狗」及「舌頭」有關。譬如像狗那樣奴顏婢膝地討好主人（faire de la lèche），如「馬屁精」（lécheur），甚至用了「lèche-bottes」（舔靴子）、「lèche-cul」（舔屁股）這般粗俗的字眼。屋舍遭「火舌」吞噬，海浪「拍打」岩石等。至於「ours mal léché」則指「醜八怪」，因為（熊）媽媽生下他時沒將他「舔」好。

Loto〔樂透〕
樂透

　　「Loto」中譯為「樂透」，音意俱佳。古羅馬時代即有這種由公家作莊的賭博遊戲，它寓娛樂於徵稅，自古迄今都是政府重要歲入項目。該字源於義大利文「lotto」，但該義文又借自法文「lot」（份額、稅金）。1530年法王法蘭西一世（François Ier）占領佛羅倫斯，允許該城居民採樂透賭博方式納稅，成了史上第一次以金錢作為獎品的彩券。但法國因信奉天主教，律法禁止金錢投機，遲至1976年才正式發行國家彩券。英國則早在16世紀後半葉發行彩券，做為殖民地探險隊的經費，目前已改為挹注文化部門之用。法國將這筆政府「抽頭」做為補助社福之用。美國則將之用來興辦大學之用。

　　古羅馬時代的彩券活動，類似娛樂抽獎活動。荷蘭人於1434年曾發行彩券做為公共稅收，1592年阿姆斯特丹市也以發行彩券來興建醫院。樂透彩券替法國政府賺進大把收益，政府規定抽頭10.5%，彌補不少社會福利部門赤字。資料顯示，越是不景氣的時期，投注的人越多，因為它能讓人一夜致富。雖

然在法國中頭獎的機率是一千九百萬分之一,但每周能「製造」出好幾個百萬或千萬富翁,何嘗不是好事一樁。它尤其讓社會底層的民眾,在日常苦難的日子中,增添了許多輕鬆的話題與希望,也是一大德政。譬如,開獎日到法國行政單位辦事,通常都不會太容易受到刻意的刁難!

法國自2008年10月重新改良「樂透彩」,先在49個號碼中選五個,再於一至十當中選一個號碼,每注二歐元,每周增加一次開獎日,即周一、周三、周六。目前平均每六名成人當中便有一人會買樂透,但這數字只是美國的一半。1998年美國全年的賭注高達1,268億美元。2002年,台灣開辦之初,部份人士視賭如命,瘋狂投注的程度,形成「瘋樂透」(lotomanie)的特殊社會現象,不過熱度一過,也就趨於平常。

Louvre〔羅浮〕
羅浮宮

「Louvre」一說源於「*lupara*」，指「獵狐者歇腳的茅屋」。1200年，法王菲力普二世在此興建城堡，防範溯河來犯的維京海盜前，塞納河右岸的這片低窪地應是狐狼成群之所。之後，歷800年的經營，從王家保固所、王宮，到公共博物館（1793年起），歷代國王（尤其是路易十四及拿破崙）皆競相收藏藝術珍品，而有今日號稱世界最大博物館之美譽（典藏品超過44萬件，固定展品35,000件）。

1981年密特朗總統上台，提出十大公共工程建設，破格任命美籍華裔建築師貝聿銘（I. M. Pei）整建羅浮宮；擴建並調整空間及動線，並安置一座透明玻璃金字塔為主要出入口。歷八年，費資60億法郎，於1989年完工，使羅浮宮更具現代感，及更能面向大眾。目前每年吸引850萬人次參訪（2008年）。當中最著名的珍品，當然是那幅達文西1504年的曠世巨作，永遠對著世人微笑的〈蒙娜麗莎〉（*Mona Lisa*，法文別名「La Joconde」）。

　　「羅浮宮」可說是法國最具體而微的文化政策縮影及表徵。除當作藝術寶庫外，亦是相關藝術的研究重鎮。從早期的「臨摹」到「羅浮宮藝術學院」，以及各式各樣的研究內容。同時也是最足以彰顯法國國威的項目之一。它所推出的主題展及固定展品本身就是一趟藝術浸禮。左拉曾將它寫進小說《酒店》（*L'Assommoir*, 1877）裡。近來，更積極推動海外巡展，不僅打出形象，更替法國賺進龐大「借展費」，甚至還計畫到阿拉伯半島的阿布達比開設分館。此外，館方也大力從事跨界合作，譬如，巴黎春秋兩季的高級訂製服走秀。或者充當電影場景，著名的有：《新橋戀人》（*Les amants du Pont Neuf*, 1991）、《羅浮宮魅影》（*Belphégor, le fantôme du Louvre*, 2000）、《達文西密碼》（*The Da Vinci Code*, 2006）。2009年更主動找上蔡明亮導演，出資拍攝了「宣傳片」《臉》（*Visage*）。總之，「羅浮宮」像極了一位永不服老的貴夫人，集歲月之菁華，既優雅，又青春。

LV〔艾勒威〕
路易威登

　　「Louis Vuitton」（路易威登，簡稱「LV」），法國最老牌，最具有潛力的服飾名店，也是世界最大時尚集團。創於1854年，歷五代家族式經營而不墜。事業版圖從1977年起大舉擴張（國際化、多角化），從皮箱、皮包到香水、服裝、甚至是香檳、白蘭地。未出道前的亞蘭・德倫（Alain Delon）曾渴望擁有一只刻有自己姓氏縮寫字樣的LV皮箱。日本人尤其哈LV，亞洲兩家最早的海外旗艦店就選在東京及大阪。多少東瀛女子一輩子打拼，就是想擁有一只LV皮包（而且一定要眞品）！

　　創始人老Louis Vuitton生長於法國東部邊城，16歲上京打工爲生，憑藉敬業與專精手工，於1854年在巴黎開設一家權貴出遊專用皮箱店。與「旅行」結緣是LV的最大商機，用料考究、做工精細是它的「祕密武器」，設計獨特、客服化的服務是它的口碑（目前還設有一個工作坊專門爲不同需求的顧客量身訂做）。全球名牌大概只有這家商號敢堅持限量購買。2004

年，為慶祝成立150周年，將它在巴黎香榭大道的店面，包裝成一只超大的LV皮箱，當做街景裝飾及廣告招牌。

以製作旅行皮箱起家的「路易威登」的座右銘是：「每個行李箱皆應機動且輕巧」。它於1885年即開拓海外市場，先後在倫敦、紐約、費城開設分店，目前在全球53個國家設有分店（台北1983年、北京1992年）。它的每家分店的建築風格不僅統一，且又獨特，也反映出該品牌的旨趣與堅持。由於太受各國富豪歡迎，它於1888年便已使出無數對策以積極面對「山寨版」的橫行。1987年，它併購了酒品名廠，成立「酩悅軒尼詩路易威登」（Moët Hennessy-Louis Vuitton，簡稱「LVMH」），成了全求最大時尚精品集團，員工一萬名，營業額40億歐元。2006年成立基金會，籌設巴黎「當代藝術館」，預計2010年開張。2008年，並投資拍了一部形象宣傳片〈生命要將你帶往何處？〉，以13種語言發行，大獲好評。

Madeleine〔瑪德蓮〕
瑪德蓮蛋糕

　　「瑪德蓮小蛋糕」（les Petits Madeleine）是作家普魯斯特七大冊鉅著《追憶逝水年華》（À la recherche du temps perdu）中最能體現作家「無意識記憶」的重大發現：「〔…〕母親又差人拿糕點來，是那種小小的、圓嘟嘟的名叫『小瑪德蓮』的小蛋糕，看來就像從干貝殼打模印出來似的。那天，天色陰沉，隔日又不見得好轉，我心情著實沉悶。我順手舀起一勺茶水送到嘴邊，之前我已先掰了一小塊小瑪德蓮蛋糕將它放入茶裡泡軟，在摻拌著蛋糕屑的那匙茶碰到齒齦的那一刻，頓時，我渾身一震！我仔細地注意到我身體所發生的奇妙變化，一種舒坦的快感傳遍全身，一種超然的昇華，卻不可名狀。」

　　透過這個「介物」，將往事逐一牽串，並發展成一座彷如過往時光的金字塔。普魯斯特如先知般地告訴我們：氣味和滋味一如靈魂可以長存，但不著痕跡，卻能如神蹟般重新顯現。換言之，一塊蛋糕可構成一部200萬字的文學鉅著。「瑪德蓮小蛋糕」也因普魯斯特而流傳千古！

　　瑪德蓮蛋糕以麵粉、奶油、雞蛋、砂糖，外加蜂蜜及鹽為原料，放進扇貝形狀的模子，高溫烘烤而成。這種蛋糕的模樣很可愛，也很性感，相傳是一位叫「Madeleine」的女廚娘（Madeleine Paulmier）發明的，故名之。這種糕點很早就流行於法國東北洛林一代的官宦家庭，1845年已普及到一般中產階級。不過，普魯斯特最早的文稿裡是用「甜麵包乾」（biscotte），後來才換成「madeleine」，並將之描繪成「小小的、圓嘟嘟的」具有某種性暗示（女人陰部）的可口糕點。此外，改用「madeleine」又不得不令人聯想起「瑪大肋納」（希伯來文寫為「Magdalena」），《聖經》故事裡那位著名的罪人──從良的妓女。是她前去擦拭別人吐在耶穌臉上的唾液。總之，普魯斯特心眼挺壞，既色情又褻瀆！

Marché aux puces〔瑪薛 歐 皮斯〕
跳蚤市場

　　曾有美國專欄作家為文指出，巴黎的跳蚤市場（即舊貨市場，或二手貨市場）是觀光客不可錯過的好地方，也是一種有格調的旅遊方式。因為在這裡除了可以享受討價還價的樂趣外，還輕易就可以看到這個城市的歷史以及它的時空縮影，既像個專賣「歷史」的美式賣場，更像當代生活博物館，而呈現在你眼前的物件的種類，可說是舉世博物館所望塵莫及的。巴黎北郊的聖圖安（Saint Ouen）跳蚤市場最享盛名，堪稱世界第一，已有百年歷史的它本身就是個傳奇。占地七公頃（相當於七個足球場大小），分12區，2,500個攤位，只開放周末及周一共三天，每周前往尋寶的人數就高達30萬人！當中最古老的「威內松市集」（Marché Vernaison）彷如一座迷宮，曲徑通幽，又充滿驚奇。還有一家老式酒店「路易賽特之家」（Chez Louisette），一直保有1950年代駐唱酒館（cabaret）的風味。

　　聖圖安原是巴黎舊城牆遺址，1880年代，市政府整治此區，拆除城牆屋社，並打通街衢。數千名拾荒者便經常麕集在

此兜售舊物，或以物易物，因為所售舊衣裳時常可見著跳蚤，故名之。1920年代因不少幸運兒在此尋得巨寶，超低價買到價值連城的大師畫作而轟動一時。這裡陳列販售的物件種類無奇不有，從老祖母的蕾絲內衣，到高檔古董家具，既賣歷史，又賣情調，是當代任何「百貨」公司無法媲美的。法國官方在此還設有旅客服務中心，甚至出版一本導覽手冊（尋寶圖）。這裡龍蛇雜處，三教九流，扒手橫行，物件真偽難辨。不過，隨興遊覽，樂趣無窮。

這股復古、節儉、環保的風氣也感染到各地。目前單單在巴黎就有四處舊貨市場，其他法國城鎮也不定期出現二手貨市集（brocante）。國際間也興起這種既環保，又有利基的新活動。總之，這裡是窮人的購物天堂，也是富人休閒的觀光、血拼的景點。

Marianne〔瑪麗安〕
瑪麗安

　　「Marianne」可說是法國最有名的女人，是法國的「國母」（Mère-patrie），也是法國政府的正式識別標誌（Logo），法國的象徵，就像英國是「約翰牛」，而美國是「山姆叔叔」那樣。她同時也是歷代法國美女的化身，世代法國女人心儀嚮往的對象。事實上，她只是一座半身塑像：紅帽象徵走向革命的巴黎市民，裸露的酥胸代表哺育和解放，護胸甲（馬甲）代表權力……。1886年法國政府送給美國的〈自由女神像〉也是以她爲模型，打造出來的！

　　從1999年起，法國政府推出他們的新款 Logo，藍白紅三色的長方型圖案，代表大革命時期的口號：自由、平等、博愛。中央的白色即爲瑪麗安側面的剪影。現在歐元錢幣的一分、二分和五分錢上也都出現有她的浮雕。法國官方並於同年起定期遴選瑪麗安模特兒，獲選的多半是豔煞一時的超級美女，如：碧姬‧芭杜、凱薩琳‧丹妮芙（Cathrine Deneuve）等。換言之，瑪麗安從沒定型，她會隨著時代審美趣味而出現

不同的造型。

　　「瑪麗安」一語相當具有革命及共和精神，她是由「Marie」（瑪麗）與「Anne」（安）兩個極普遍的小名合成。18世紀末，農村的女子多好取此名字。她們代表被剝削和壓迫的一群。1792年，實施共和憲政不久，一首通俗的民謠〈瑪麗安的解脫〉（*La Guérison de Marianne*）唱出了這股民情及心聲。1849年，「瑪麗安」的造型首次出現在郵票上。1877年，第三共和啓動，人們拿掉市政大廳裡拿破崙三世的塑像，換上瑪麗安，從此瑪麗安就找到了她的歸宿。據信，最初瑪麗安的原型是取自希臘神話裡的女神雅典娜（*Athena*），並結合了浪漫派繪畫大師德拉克洛瓦（Eugène Delacroix）的名作〈自由引導人民〉（La liberté guidant le peuple）（1830）中那位袒胸露乳，手執國旗，帶領群眾，踏著遍地屍野奔向戰場的女子。該畫曾印在百元法郎紙幣上，也是羅浮宮的鎮館收藏之一。

Marseillaise〔馬賽耶斯〕
馬賽曲

「拿起武器！祖國子民。起義興師！齊心抗暴。前進！前進！用彼穢血灌漑我良田！」雄壯激昂的〈馬賽曲〉（*La Marseillaise*）成歌於1792年，當時革命政府向欲揮師前來「剿亂」的奧匈帝國宣戰，史特拉斯堡市長公開徵詢一首能激勵軍心的歌曲。李塞兒（Rouget de Lisle）軍官胸有成竹，兩天內即譜成這首進行曲，訂名〈萊因軍戰歌〉，之後傳唱全國。南方馬賽港募集516名義勇敢死隊北上支援護國戰爭，沿途高唱這首戰歌，因氣勢感人而得名〈馬賽曲〉。1795年明定為國歌。1799年拿破崙上台，淪為禁歌達80年之久。

〈馬賽曲〉可說是當今之世最血腥的國歌之一（僅次於丹麥、墨西哥國歌），卻清楚表達唾棄暴政、嚮往自由，及對祖國的熱愛。1797年，它已經被翻唱成義大利文，來歡呼威尼斯的解放。1848年歐陸民族大革命期間，它像流行歌曲那樣被填上不同的語言各處翻唱。1875年它已經有了俄文版，1917年二月革命成功，它被選為俄國共產黨的國歌，列寧是在〈馬賽

曲〉的樂聲中入駐聖彼得堡的。1931年，西班牙改元「第二共和」，人們還不會唱他們的新國歌〈*Himno de Riego*〉，竟以西語的〈馬賽曲〉來歡慶新政體的到來。中譯本最早出現在1871年，由王韜用七言絕句譯成，它啓迪了清末革命派人士。民國初年，它已經迻譯成至少六個中文本。白遼士、舒曼、柴可夫斯基、德布西皆先後將它寫進古典樂曲裡。目前法國明定爲「文化資產」，並規定2005年起，小學及幼稚園必須習唱〈馬賽曲〉。

　　1975年，有感於它的凶殺氣燄，季斯卡（V. Giscard d'Estaing）總統請人將它放慢節奏，這也是有史以來修改〈馬賽曲〉成功的一次。1979年鬼才流行音樂作曲家蓋恩斯堡（Serge Gainsbourg）將它改成牙買加「雷鬼」（reggae）節奏，結果舉國譁然。隔年，蓋氏特別選在史特拉斯堡市舉辦一場演唱會，結束曲就是演唱原版的〈馬賽曲〉！

M'as-tu-vu〔瑪蒂予〕
愛現

「M'as-tu-vu」直譯「你看到我了嗎？」，是由問句轉為名詞的用法，也當作形容詞。源於戲劇表演謝幕後演員急於探詢親友：「你看到我演的那個角色嗎？」（1800）。後來專指那些「愛現的二流演員」（1902）。之後，泛指愛出風頭，自吹自擂，又愛現招搖的人（1906）。2009年，前社會黨總統候選人華亞樂（Ségolène Royal）夫人出書，大大損了勝選的現任總統薩科奇，說他只是一個精力旺盛的「毛頭愛現鬼」（*petit gamin m'as-tu-vu*）。

「M'as-tu-vu」只能勉強譯成英語「Show-off」，如同法文俚語裡的「*avoir la grosse tête*」，此句法文適巧就是指某人「患了大頭症」。古代希臘神話說裡的美少男納西斯（Narcisse），因戀愛自己在水中的倒影，憔悴而死，應可相呼應。

這種「自戀癖」放在當代社會裡，幾乎就是「暴露狂」（exhibitionniste）。因為在當前「不出名，毋寧死」的傳媒時代，爭取「關注焦點」（centre d'attention），當個「媒體寵

兒」（un star médiatique），幾乎就是每個有企圖心的人所夢
寐以求的。雖然在法文裡這些字都有負面意涵，但在廣告及傳
媒世界裡，它可就值錢得多。

　　相形之下，「coquette」（賣弄風情的女人）就比較內斂
含蓄些。該字原指「多話輕佻的女子」（1611），陽性詞
「coquet」用法則指「愛吸引異性的男子」（1643），之後，
亦指「衣著考究的紈絝子弟」。兩字皆源於「coq」（公
雞），蓋取其虛張聲勢，又神氣活現。在俚語裡「coquette」
亦指「褲襠」及「陽具」。在17至19世紀的傳統性格劇裡，則
專指「專門取悅異性、妖豔輕佻的女子」。在現代用法中，已
偏向取其「愛打扮」之意，且擴大泛指一切「妝點精緻」的人
事物。不過，此字望文生義，怎麼也不由得讓人想到那副花枝
招展，又愛現的媚態。

Menu〔莫尼〕
菜單

　　「Menu」（菜單），另譯「菜目」，也當「菜餚」、「議程」，原意「細小」。現代借詞始於1718年，指的是一整頓餐全部菜餚的清單。大約200年前，一些「下崗」的法國王宮貴族御廚，經營起個體戶餐館，將其所能提供的各式餐點羅列在一張卡紙（carte）上，交由食客點選。至此「menu」與「carte」便開始混用。尤其「menu」一字通行全球後（1837年引入英文），更壓過了「carte」的用法。君不見，即使華人老饕上館子口裡嚷的還是：「老闆給我看看今天的menu！」而非「老闆給我看看今天的菜單！」

　　法文裡說得較清楚，「*manger au menu*」，指的是客人選了老闆當天排出的套餐；「*manger à la carte*」，指的是客人仔細研讀該餐館的菜目後，自行搭配點選的餐飲。總之，「au menu」（依著定食「套餐」來）客人做不了主；「à la carte」（依著菜單選）客人多了一點兒自主！

　　「菜單」的出現與「餐館」的問世幾乎同時發生。法國餐

館的誕生源自貴族階級的沒落，王公豪門的家庭大廚自立門戶，而資產階級的興起，成了首批的消費群。1789年的大革命造成人員與觀念的大流通，餐館頓時倍增了五到六倍。19世紀是迅速發展的時期，先是地理大發現及殖民活動，各地稀奇珍貴的食品一起湧進歐洲市場，讓大廚師有了更多的創意與操作空間，都市化與社會的流通加速了需求以及交流。尤其是品味的追求以及餐桌文化精緻化的要求，讓用餐不僅滿足口腹之需，餐館也成了各式文化的交匯和衝撞之所。1815年拿破崙下野，各國王公貴族爭相前來巴黎，最大目的就是在此大快朵頤一番，一次大戰前的「美好年代」（La Belle Époque），花都巴黎一片歌舞昇平。1919年凡爾賽和約期間，東道主也使盡渾身解數來款待各國代表。餐飲早已是法國外交的最佳「祕密武器」，因而「菜單」不僅標示著菜目，也記載著文化及歷史。

Michelin〔米其林〕
米其林指南

「Michelin」是法國一家輪胎公司，指南書是它們的副產品。除旅遊指南（綠色封面）外，就是令人食指大動的餐廳指南「*Le Guide rouge*」（紅色指南）。這本餐廳指南於1900年問世，也是最權威的一本（另一本是創於1969年的「*Gault et Millau*」），幾乎已是法國重要文化資產，也是法國餐飲業最信服、最戒慎恐懼的對象。因爲一旦名字登上這本千餘頁的指南，便已保證身價百倍。每年它只推薦約500家法國餐廳，被評爲三星頂級的餐館（不到30家），顧客通常須兩三月個前就預訂，反之，1966年曾有一位巴黎名廚詹克（Alain Zink）因評等被降級，而引咎自殺。

2003年，另一名曾獲最高三星級的名廚盧瓦梭（Bernard Loiseau）則因「*Gault et Millau*」給他的餐館評等從19分降了兩分，而飲彈自盡。法國廚師的這種完美主義及敬業精神最早可以追溯到17世紀的一段悲壯事件。1671年，孔戴（Bourbon-Condé）親王在他的香提邑（Chantilly）城堡設宴款待路易

十四宮廷上下200餘名貴賓。擔任大廚及總管的瓦泰爾
（François Vatel），因訂購的鮮魚來不及送達，竟引刃自刎。
這段「可歌可泣」的故事曾寫進小說，2000年還拍成電影
《Vatel》，成了當年坎城影展的開幕片。

　　這本被譽為「餐飲聖經」的指南法國版每年出售80萬冊。
目前擴大到23個國家，26個版本，包括日本版（出書當天就賣
出9萬本，8家餐館獲三星級）及港澳版（一家獲三星級，其中
台灣的鼎泰豐分店獲一星級），總發行量超過150萬冊。2005
年荷、比、盧（Benelux）版因一家餐廳尚未開張即獲「二副
叉匙」的評等推薦，而弄得灰頭土臉。2009年，法文版發行第
100集，收錄了8,500筆評鑑結果，並推出網路及iPhone的GSP
搜尋系統。2011年也發行了台灣版。事實上，許多獲得星級的
大廚也經常受邀來台「獻藝」，無形中也推廣了法國餐及這本
導覽的權威性。

Mode〔莫得〕
時尚

　　「Mode」一字來自拉丁文「*modus*」意為「形式、方式」，1428即已有現代意涵，指「集體的穿著風格」。英文「fashion」，係從法文「façon」（樣式、舉止）借用，1698年引進法國，指「時尚、有風度」。另根據《拉魯斯字典》（*Larrouse*）對「Mode」的定義：一、某一確定社會環境與時代的短暫行動、活動與思考等；二、依循某一社會品味而有的特定裝扮；三、服飾產業。換言之，它代表一定的方式、品味、流行，並以服裝領軍，包括它搭配的精品、香水化妝品，甚至軀體的美感要求；同時也反映出社會身份、隸屬、購買力及個性等。總之，「時尚」早已不是簡單的穿衣問題，而關係到個人的存在、社會風氣、商業利基及國際競爭問題。

　　「時尚」最大特徵就是「朝生暮死、過眼雲煙」。時尚女王香奈兒說過：「時尚會過時，唯風格長存。」超現實主義作家考克多（Jean Cocteau），也說：「何謂時尚？即那些會落伍的一切。」基本上，時尚是一種「從眾行為」。1549年，法

國即已出現「趕上時髦」（à la mode）這樣的「社會壓力」。17世紀的一位大學者巴維雍（Étienne Pavillon）慨言：「時尚是我們擺脫不了的暴君，唯有順從它的怪誕品味……」百年後，一位樞機主教德貝尼（De Berni）也有同感：「時尚是令人尊敬的暴君」。

　　從路易十四時代開始，挾其藝術、建築、音樂等成就，以及宮廷時尚，法國儼然就是「時尚之邦」，成了各國權貴模仿的對象。18世紀後半葉法國推出的「法國布偶娃娃」（poupées de France），即現代版的「公仔」，早已是各國搶購的時尚玩意兒。二次大戰後，法國更傾全力推動時尚產業，其年營業額早已超過製藥業及航太業。雖然面對國際強勁競爭，法國人自信他們仍是最具創意的時尚大國，因為「還會有什麼比文學、繪畫、音樂、建築、雕刻更能有利於時尚呢？」而這些領域法國都領先群倫。

Napoléon〔拿破崙〕
拿破崙

　　「Napoléon」為「荒野的獅子」之意。他是法國人的驕傲，也是法國的民族英雄。不過卻險些當不成「法國人」。祖籍義大利的他1769年8月生於科西嘉島，一年前熱那亞城邦才將這座島賣給法王路易十五。拿破崙一家都是獨派人士。法軍的順利挺進，他們只好歸順，且憑著祖上所擁有的某些貴族血統，才得以進法國軍校就學，從而培養出這位讓世代的法國人及全世界都敬佩的曠世奇才。

　　拿破崙的同代人大文豪哥德（J. W. Goethe）曾謁見過他本人，說過：「他一生的傳奇宛如《聖經》啟示錄，人人皆覺其中有奧妙，但沒人能明白究理。」樂聖貝多芬（L. Beethoven）曾感謝他對德意志的「解放」，譜了〈英雄交響曲〉獻給他，但後來發現他的霸權心理，憤而收回此言。拿破崙一輩子幾乎在馬背上度過（60餘場戰役，其中40場勝出），是西方世界繼亞歷山大和凱撒之後的最偉大將領。他既是曠世軍事奇才、政治強人，更是柔情似水的戀愛高手。1855年，英

國女王維多利亞攜王儲愛德華前來巴黎謁靈，特別要求王子在「偉大的拿破崙」墓前行跪禮。

　　拿破崙皇帝雖有許多負面影響，在法國史學界尤其爭論他是「共和派」的革命之子？還是「反革命」的獨夫？不過，法國人還是相當緬懷他的功績，1840年，法國人依其遺願，將其安葬巴黎，有90萬人專程目睹移靈。對法國而言，他開創一個雄霸歐洲的帝國、無數的傳奇，還有迄今仍影響深遠的典章制度。從凱旋門、協和廣場到羅浮宮，從《拿破崙法典》到埃及古文明的大發現。根據統計，以拿破崙為主題的各類敘述和研究迄今至少超出十萬筆！以他為主題的電影逼近100部。總之，拿破崙本身就是一項人類重要「文化資產」。因為他以個人的意志完成了一個世代，也開創了一個以他為名的時代。

Noblesse oblige〔諾布雷斯 歐布里吉〕
貴族風範

　　法國的貴族「noblesse」一向被詛咒，或遭人調侃。舊時貴族對近代法國的強大雖功不可沒，但屢因國王強勢作風與政治革命迭次，幾遭摧毀殆盡。他們或隱姓埋名，或流亡海外。如今儘管仍留有若干後裔，但早已退出歷史舞台，行事風格也格外低調，彼此之間至多也只保留些許聯誼活動而已，恐怕連組個「俱樂部」都會畏首畏尾的。

　　法國18世紀著名詩人尚福（Nicolas de Chamfort）曾一針見血地批判：「有人比喻，貴族是國王與人民之間的中介者。的確，就像介於獵人和野兔之間的那隻狗。」古代貴族依血統來分，故有「世家貴族」（noblesse de sang）之說，亦說成「舊貴族」（ancienne noblesse）、「佩劍貴族」（noblesse d'épée）。相對的，則是靠授爵的官僚貴族，即「穿袍貴族」（noblesse de robe），或者靠捐官授爵，如「捐納貴族」（noblesse de finance），這些都屬於所謂的「新貴族」（nouvelle noblesse）。這些貴族全都成了大革命的犧牲者。此

外，拿破崙登台時也大封爵位，稱之為「帝國貴族」（Noblesse d'Empire）。然而，所有的貴族很快也都走進歷史，無人聞問，甚至連八卦媒體都不感興趣。現在只能靠姓氏前的介詞「de」（particule nobliaire）來識別，有時還成為同儕挖苦的話題。

反之，英國的貴族則大不相同。他們締造了英國近代的民主，並促成了工業革命、大英帝國的輝煌等等。他們自許甚高，還引進法文「Noblesse oblige」（英文直譯「Nobility obliges」）當成座右銘。該詞最早於1808年以格言形式出現，據信是由法國作家萊維公爵（Gaston Duc de Lévis）所創。後來轉為諺語，意指「既然身為權貴，行為就得高尚，舉止就得磊落」。英語的用法裡還帶著一半調侃的指陳，尚且負起指導及權充其他階級楷模之重任。這與近來台港大陸地區流行的「單身貴族」（Single Noble）所強調的「自我完成」相去甚遠。日文則將「貴族風範」譯成「有名稅」（盛名的代價）。

Nouvelle vague〔努威勒 瓦格〕
新潮電影

　　「Nouvelle vague」（或譯「新浪潮電影」）是流行於1950-1960年代法國電影藝術新思維和電影美學革命，及一股前所未見的創作能量，短短四年內便有近百名導演推出其處女作。這種強調紀實、自由攝影風格，自然逼眞、隨意偶發，並以導演爲創作中心的影片，不僅讓法國電影重回國際舞台，也讓各國許多年輕電影工作者找到新方向及更多揮灑的空間。1980年代兩岸三地的新銳導演在國際影壇的傲人成就，即深刻受其啓發。

　　「Nouvelle vague」一詞源於1957年法國《快訊》（*L'Express*）週刊的新用語，反映了當時法國引領翹首新事物的社會情緒。《電影筆記》（*Cahiers du cinéma*）提供論述空間功不可沒。這股電影創作新風潮的共同特徵爲：鬆散的因果關係、不連貫的劇情、不明確的結尾、強烈實驗性格及隨意無邊的題材。相較於好萊塢影片一向安排「結局圓滿」的劇情，法國電影經常會令觀眾「摸不著頭緒」。此外，不計商業考量是

其特色，亦是致命傷。

　　這股電影美學很快地傳播至世界各地，然而法國電影的表現反而像曇花一現，尤其在1980年代，法國電影面臨了人才不濟及美國好萊塢強龍壓境的雙重衝擊，幾乎都快守不住本國的市場。最後，法國政府透過談判提出著名的「文化例外」（exception culturelle）原則，才保住生機。如今利用減稅、海外推廣及與好萊塢八大製片廠做出區隔，專拍喜劇片及導演個人風格的影片，作爲主打項目。而法國不僅是電影的發源國，亦是電影大國：七所電影學院、19項電影節、2,133家電影院、5,362個放映間。2005年拍攝了240部電影（幾乎是好萊塢的一倍），2006年總票房爲一億九千萬人次，獲利11億歐元。2005年政府亦投入10億歐元基金以振興電影。原因很簡單，法國人就是愛看電影，電影一直是讓法國引以爲豪的光榮項目。

Oh！Calcutta！〔喔！加爾各答〕
喔！加爾各答

「Oh! Calcutta!」原為美國著名的經典色情裸體歌舞劇（1969），但它與印度孟加拉首府「Calcutta」一點兒關聯都沒有。由於該劇實在太色情又太暴露了，醫生出身的作家導演列維（Jacques Levy）只好在劇名上做手腳，將法文裡的俚語粗話「Oh！ Quel cul t'as！」（喔！妳的屁股真美！），以英語的諧音呈現。加爾各答城裡的人還真因此蒙受不白之冤。這部裸體劇一推出即轟動大西洋兩岸，單單在英國就上演了1,314場（1969-1972）。1976年，導演還親自將它拍攝成X級的色情電影，傳到法國一度造成舞台上男性裸舞風氣。不過，流行過後也就迅速消聲匿跡。

法國的情欲書寫也一向豐富多彩，盛行於18世紀，集大成者應屬「情色大師」薩德侯爵（Marquis de Sade）。以致他的姓氏也因此被烙印上「始作俑者」，「sadisme」指「殘暴色情狂、施虐狂」之意。如今，他的色情書反而成了研究18世紀法國社會、心理及文史哲學的重要文獻。19世紀，情欲被大量寫

進文學作品，如左拉、都德、雨果、巴爾札克等大作家都寫過。20世紀初，法國情色文學更見婉約、多元且精緻。世紀末則以露骨、縱欲著稱，當中最知名的就是烏勒貝克（Michel Houellebecq）的《基本粒子》（另譯《無愛繁殖》），及他一系列的「寓情色於批判」的作品。

　　「Erotisme」（情色、愛欲）不同於「pornographie」（淫穢、色情），是一種詩意與充滿想像的意境，以人體作為對象的藝術，它的活動需要有一定程度的想像力、幽默感、鑑賞力以及美學上的直覺及素養。情欲的藝術呈現也有不同程度的「尺度」，有的強調前戲的歡愉及亢奮，有的凸顯事後的空虛與自遣，有的則誇大其感官享樂。總之，情色是性事中的藝術。有了情色，人類才得以抽離其動物性，也才有別於野獸。

Oh là là ! 〔喔 拉拉〕
哎呀呀！

　　法國人說話一向虛張聲勢，尤喜對陌生人不耐及無禮。法文裡亦有著極豐沛咒罵語及感嘆詞，因此街談巷議誇張、輕蔑之語，如「*Oh là là !*」、「*Ah ya ya !*」之聲不絕於耳。此外，法國人說話又有著極誇張肢體語言及激動表情，故即使不懂法語，隔著看他（她）們說話和交談，便彷若觀賞一齣快節奏的街頭劇表演。一首由爵士歌手迪思戴（Sacha Distel）演唱的歌：「當我見到聖都貝滿地遍野古銅色的酥胸，我的心直跳，*Oh là là !*」。

　　「*Oh là là !*」（同於「*Ouh là là*」、「*Ah là là !*」）是法文常見的感嘆修辭語。它的音樂性極強，通常置於字首，用法極為多樣，譬如：驚訝、驚喜、錯愕、失望、警告、揶揄等等情緒。這些感嘆詞不僅在表達情緒，也同時具寒喧作用，如當呼喚語「喂！」（同「Ohé !」）。使用時因著不同的情境、腔調、氣氛及法文特有的音樂感，往往能譜出協和的街頭樂曲。譬如：「*Ah là là !*」表達的是「不快」，「*Oh là là !*」既是

「驚訝」、「讚歎」，又是「輕蔑」、「不耐」、「憤慨」。外國人入境隨俗，只能豎耳傾聽及用心觀察，偶爾不妨也學學他（她）們，裝腔作勢一番。

「*Oh là là！*」（也寫成「*Oh la la！*」）應是最具有地方色彩、最道地的一句法文，它的用法肯定不易在其他語言裡找到對等詞。這個詞是由感歎詞「oh, holà, ohé」與「là」合成，直譯為「怎麼會這樣子呢」，相當於中文裡的「哎呀、哎呀呀、哎喲」。英文裡勉強可轉譯成「oow, ooh, oh boy」。它幾乎就是每個法國小孩第一個學會的大人的語言，也是每個初學法語的外國人最印象深刻，也是最先學會，以及最想學會的一句法文。但它的使用及適用情境實在太廣泛，又太豐富了，換言之，如何駕輕就熟、運用自如的使用它，便足以證明你的法文程度的高下。

Oui, Mais... 〔瓦伊 梅〕
是的，不過…

　　「Oui」是「同意、接受、贊成」之意。這個字應是法文裡用途最廣、最動聽悅耳的字眼，如教堂婚禮上那句最關鍵的用語：「我願意」（*le grand oui*）。「*oui et non*」指的是「既是又不是」，「*oui ou non*」或「*oui ou merde*」表示「到底是不是」。它還表達許多詞典所無法逐一收錄的「歡呼」、「狂喜」等意。語言學家亦拿它來區分方言：南方稱奧克語（langue d'Oc），北方稱奧依語（langue d'Oïl）。最後是後者說「Oui / Oïl」的成了現代法語。

　　政治領域裡有公民複決的「贊成或反對」（*le oui ou le non*）。不過，在辯論或意見交鋒的場合，最常聽見的還是「*Oui, Mais...*」（簡稱「*le oui mais*」，相當於英文裡的「Yes, but...」）。因為在法國，辯論的目的並非在改變他人的想法，只在提出自己的看法，並證明自己的「博學」而已。「*le oui mais*」這套修辭邏輯早已成了法國式對話的基本風格。你可以大方的同意對方觀點，說出「我同意」（Oui），但隨即

反駁地說「不過…」（Mais...），且往往不必等對方把話說
完，隨時都可以插嘴。因為在法國，打斷別人說話不僅不是不
禮貌，反而證明你注意在聽對方說話！因之故，法國人彼此對
話，經常弄得面紅耳赤、劍拔弩張的。

　　「le oui mais」除了是「實質的不同意，委婉提出自己的看
法」之意，但也是「有所保留地接受」之意，尤其是一種國際
外交詞令。2009年1月22日，法國第一電視台（TF1）一則網
路新聞標題：「Le "oui, mais" de Fidel Castro à Obama」，古巴強
人卡斯楚發表談話，表示他有條件的支持美國新任總統歐巴
馬，但擔心他無法兌現許多承諾。又如《論壇報》（La
Tribune）官網的一則標題：「le "oui mais" de Bruxelles aux aides à
France Télévision」（2009.09.01）意為「歐盟附了但書有條件同
意法國政府撥款津貼電視業」。

Pain baguette〔旁 巴給特〕
長棍麵包

　　「Pain」（麵包）起源於古埃及，將麵團鋪於熱石頭上，在烈日下烤曬。古羅馬人已將之當做主食。該字源自拉丁文「*Panis*」，指「生活必需品」。古時富有人家吃大麥或小麥製成的麵包（多為白色），窮困人家只能吃黑麥或燕麥做成的黑麵包，故有句法文諺語是：「*manger son pain blanc*」（過好日子）。12世紀才大量出現民間的烤窯，麵包師傅（boulanger）的說法才出現，指的是「做圓形麵包的人」，這是因為直到17世紀，麵包的形狀全都是圓形。後來蓋了許多方形的烤窯，為提高產能和效益，便將麵包做成長條形（pain long），結果成了最有特色的「法式麵包」。

　　這款「法國麵包」，法文裡卻稱「pain parisien」（巴黎麵包），只是法國諸多款式麵包的一種。大約在1920年代才開發出來，除形狀特殊外，長約70公分，故稱「長棍麵包」，又分兩款，一般型的稱「pain」，更細條型的稱「baguette」，香酥可口，更令人垂涎。因製作時須超高溫及蒸氣噴灑，故一般家

庭做不來。所幸巴黎麵包店林立（約1,500家），且售價便宜，又多採手工烘培，故風味十足，遂能掌握法國人胃口，因而聲名遠播。一般「法國佬」（Le Français moyen）的典型畫像，便是頭戴無沿軟帽，腋下夾著一條長麵包。

　　法國人有云「麵包、愛情和水是生命不可或缺的三東西。」96%的法國人以麵包為主食。1789年，法國民眾正是因為麥子歉收，麵粉價格高居不下，人們買不起麵包，才鬧革命推翻王權。當起義民眾在王宮前高喊：「要麵包！要麵包！」，路易十六卻問朝臣：「他們為何不改吃點肉？」這種何不食肉糜的昏君注定要下台！台灣話裡「麵包」習稱「pän」，係源於日文借字葡萄牙文「pao」的外來語，它與法文皆同源於拉丁文「*panis*」。

Parfum〔帕爾番〕
香水

「Parfum」（「香水」的通稱，也當作「香精」）一詞來自拉丁文「*par fumum*」，指「透過煙霧」。在義大利文裡指「強烈宜人的芳香」。據說是1533年由佛羅倫斯的梅迪奇家族的凱瑟琳公主（即法王亨利二世王妃）所引進。一時間，宮廷上下競相效尤，路易十四要求朝臣塗抹，路易十五宴客時讓飛鴿羽翼灑上香水以便傳香，路易十六王妃瑪麗‧安托瓦內特愛泡香水浴，拿破崙曾一度用過12公斤的香水浸身……。

史上最著名的香水愛用者首推埃及豔后，她利用芳香成功地迷倒凱撒大帝及統帥安東尼。因之，古代香水一直被視為一種陰謀手段。愛情何嘗不是一種「美麗的陰謀」？法國香水博物館長說：「香水能滿足女人的浪漫和美麗」。《香水的祕密》一書的作者徐四金（Patrick Süskind）坦承：「沒有香水味的女人很難讓人聯想到性感」。這種嗅覺幻想能賽過時間，歷久彌堅。雨果不就說過「芳香能喚醒思想」。總之，「巴黎」一定會讓人想起香水，也能讓每個女人遐想自己的國色天香！

　　法國南方的格拉斯（Grasse）堪稱「香水之都」，因三面環山，一面向海，氣候溫和，百花盛開，早在1730年即設有香精香料工廠，目前花朵年產量達700萬公斤。法國80%的香水製品來自此地，包括舉世馳名的「香奈兒五號」。近來，毗鄰巴黎的夏爾特（Chartres）則成了「香水城」，所有的名牌大廠皆設於此地。香水從過去做為除臭的衛生用品，轉變成舒壓解勞的醫療用品，然後搖身一變，成了全人類（尤其是女性）生活中片刻都不得少的必需品。它既是一種禮貌，也是一項歷久不衰的時尚，更是一種巧奪天工的精品。正如廣告詞所云：「每個有靈感的女人都應該擁有自己的香氣！」它會一直伴隨著全人類每一個生命！

Paris〔巴黎〕
巴黎

　　很多城市的名稱會被人拿來當品牌，如法蘭克福香腸、北京烤鴨、倫敦的濃霧或叫賣聲，但從沒有哪座城市比得上巴黎，能擁有那麼多的聯想：巴黎香水、花都巴黎、巴黎左岸、巴黎落霧、巴黎畫派等等，甚至還出現那兒從未有過的事物「巴黎婚紗攝影」，以及永遠模仿不來的「巴黎調調兒」（parisianisme）！

　　巴黎是公認人類史上最魔幻的城市，輕易地就能讓人流連忘返。徐志摩慶幸自己年輕時就住過巴黎，引為至福。台灣名醫杜聰明在自傳裡坦承一生最愛巴黎。巴爾札克說過：「巴黎是一個真正的海洋」。雨果「任命」它為未來歐洲合眾國的首都。德國哲士班雅明稱它是「19世紀的首都」，也是一場「幻景」。海明威「凍結」他的記憶說它是「一席流動的饗宴」。巴黎更像一首永遠哼唱不完的歌，人們輕易就能哼唱十幾首以上歌頌它的香頌。從〈我愛五月的巴黎〉（*J'aime Paris au mois de mai* / C. Aznavour）那種初春大地驚蟄的喜悅，到〈在巴

黎〉（*À Paris* / F. Lemarque）那樣活潑輕快，放聲盡訴巴黎的
一切神奇及浪漫。

　　巴黎這座古羅馬人用心經營過的「千年古城」，直到19
世紀才躍升國際舞台。多虧拿破崙三世的魄力，任命奧斯曼男
爵（Baron Haussmann）整建巴黎（1853-1870），才讓它徹底
脫胎換骨，成了舉世稱羨的大都會。柏林學了它的樣子，倫敦
已經「病入膏肓」，喪失了條件。波德萊爾從中發現了「現代
性」（modernité）：「過度的、閃逝的、偶然的」。19世紀末
的「美好年代」是它的高峰，也是法國人的驕傲。二次大戰
後，歷任國家領導人皆戮力想在它的美好基礎上更上層樓：龐
畢度的當代藝術中心、密特朗的「十大建設」、以及薩科奇未
來的「大巴黎」計畫。總之，今日巴黎就是「全球品牌形象最
佳城市」。因為即便已經到了21世紀，還是沒有哪一座城市能
夠超過它的「存在感」及潛力。

Pétanque〔佩蕩克〕
法式滾球

　　「Pétanque」（滾球），又稱「法式滾球」，盛行於法國南部地中海沿岸地區，源自當地方言「奧克語」，「*pès*」指「腳」、「*tancar*」指「固定」。這正是此一遊戲的基本要求：雙腳不離地擲球。中國大陸稱之爲「地擲球」運動，台灣也於2005年由廣告界名人葉兩傳發起成立「中華民國滾球運動協會」。英國作家彼得‧梅爾稱此流行於法國南方的民間休閒活動爲：「人類所發明最有趣的活動。」事實上，法國作家巴爾札克更早就寫進他的小說裡，它也是南方鄉土作家巴紐（Marcel Pagnol）的兒時回憶，並入鏡到《母親的城堡》（*Château de ma mère*）小說電影裡。

　　「滾球」應是世界最古老的運動之一，源於公元前3,000年的古埃及，人們將石塊磨成圓球來進行投擲遊戲。由於只需要簡易器材及空間，便成了一項普受歡迎的遊戲活動，隨後傳到羅馬帝國，之後便流行於地中海沿岸各地。自1629至1789年間，法國基於不明原因，禁止此項活動。1850年出現第一個官

方推廣組織，1927年確立遊戲規則，1933年組成「法國滾球聯盟」，1958年在馬賽成立「國際滾球聯盟」，1983年在瑞士舉辦第一屆滾球世界大賽，1986年被列為國際奧林匹克運動開展項目。滾球是法國南方最普及的「全民運動」，估計有36萬合格玩家，加上業餘玩家可多達數百萬人之眾。目前全球有78個會員國，56萬名合格玩家。

「滾球」的玩法很簡單，每局比賽前，裁判會把小球（cochonnet）放在「開球點」上。雙方輪流以手掌心向內握大球滾（boule）拋向小球，另一方則可拋或以滾的方式，把對方的大球擊走，令自己的大球與小球靠近。當兩方擲出所有的大球後，一方的大球比對方的大球靠近小球時，就得分。由於這項運動老少咸宜、不分男女，既有休閒氛圍，又能運動強身，應會是一項方興未艾的「樂活健康活動」。

Petit Prince〔柏蒂 潘斯〕
小王子

　　《小王子》（*Le Petit Prince*）可能是許多人最早接觸到的第一本西洋文學作品，也是母親，或幼稚園老師最喜歡口述的童話故事，更是無數初識字的孩童放在床頭枕邊的愛書。讀著它，一下子就會被書中略帶感傷、又天馬行空的星際漫遊所吸引，而且很快地融入情節，將自己想像成那位富有責任心，又為愛所苦的「小王子」。如果說孩子們讀了這本詩意盎然的小書，啟迪他（她）們「築夢」的衝動，那麼大人們讀它的感受應不止於此。這本短小輕薄的作品應可視為大人們回首童年往事「逐夢」的開始。

　　《小王子》是當今之世法國最著名的文學作品。因為擔任飛行員的作者聖德修伯里（A. Saint-Exupéry, 1900-1944）二戰期間為法國捐軀、英年早逝，而平添了幾分悲壯情懷。童話詩意般的《小王子》遂成了他最具代表性的作品，因為「它富有詩意的形象中包含著一些永恆的真理」。根據統計，這本由飛行員作家於1943年流亡美國時的創作，已被迻譯成至少125種

語文。單在台灣就出現50餘種譯本（其中還有客家語版及閩南語版），似乎已創下了金氏紀錄。每年平均可售出100萬冊，累計已銷售至少5,000萬本，可說是僅次於《聖經》的暢銷書！英美合資公司為它拍了一部音樂劇，日本箱根還出現一座「小王子」主題博物館，以及各式各樣的延伸商品。

　　《小王子》可說是一本真正老少咸宜的「童書」，但也是一本為情所苦、為理想所困厄的中年男子的抒情作品。書中驕矜的玫瑰就是他原籍薩爾瓦多的愛妻康索艾蘿（Consuelo）。此外，當年這部作品還是一本鼓勵法國讀者勇敢抗敵的「愛國小說」！誤讀的還包括書中的那個關鍵詞「apprivoiser」，它是「親近、建立關係」，而非「馴服、豢養」之意。總之，聖德修伯里在這本書裡所強調的是他的人道情懷。

Pierrot〔皮埃侯〕
小丑皮埃侯

「Pierrot」（小丑皮埃侯）是個家喻戶曉的人物。他永遠是一襲白罩衫、一條寬鬆褲、一臉白粉，一顆斗大的淚珠掛眼角，高高坐在彎彎的月亮上。在生活中他屢遭挫傷，但永遠是一副作夢的神態。他也是法國孩童挫折時高度認同的對象。正如那首傳唱了200多年的老童歌〈月光下〉（*Au clair de la lune*, 1790）：「我的好朋友皮埃侯，請借我一隻筆，好讓我寫下你的名字…」

「Pierrot」一角源於義大利的「藝術劇」的一齣戲〈*Pedrolino*〉（1584），一直是許多藝術創作的泉源：洛可可派畫家華托（Antoine Watteau）可說是最早替「小丑皮埃侯」定型的畫家，那張完成於1719年的〈皮埃侯〉表現出一個處在矛盾中不知所措的小丑。法國詩人魏爾倫（Paul Verlaine）寫下一首14行詩〈皮埃侯〉（1885）、奧地利作曲家荀克白（Arnold Schönberg）譜出〈月光小丑〉（1911）、畢卡索將自己變身為皮埃侯鑽進畫裡。黑白片大導演卡爾內（Marcel

Carné）拍出經典名片〈天堂的孩童〉（1945），也形塑了皮埃侯的現代造型。新潮派導演高達（Jean-Luc Godard）拍〈狂人皮埃侯〉（1965），顛覆了悲傷丑角，成了現代「諍士」。著名默劇大師馬歇・馬叟（Marcel Marceau）正是以他為造形。連美國「麥當勞叔叔」都有他的影子…。日本也有一知名的樂團，就直接用了這個名字。

　　「Pierrot」幾乎就是法文「小丑」的同義詞，另一個字「clown」則源自英文，該字又源於德文（klönne），指「粗魯之人、笨伯」。18世紀出現在英國的馬戲團裡，為逗趣特別安排喜感演員，一身莊稼漢衣著，配上誇張的濃妝，出場表演騎馬術。1823年引進法國，很快就取代「auguste」（馬戲團小丑）及「grotesque」（滑稽人物），還發展出「jojo」、「kiki」等童語的說法。在古代的用法裡也指「某個張三李四」。而「*avoir un pierrot dans le tirroir*」則指「有喜懷孕了」。

Poisson d'avril〔布瓦松 達威勒〕
愚人節

　　「愚人節」源於法國，但起因不詳。比較可靠的說法是，1564年查理九世將新年由原先三月底復活節改為現今陽曆的元月一日。初期民眾不甚習慣，仍依傳統於四月一日相互饋贈年禮。好事者便做假禮伴人，以搏君一笑。至於何以說成「四月之魚」（Poisson d'avril）？一說此時適逢基督教封齋期，不得食肉，但可食魚，愛捉弄人的人便以假魚相贈。另說此時為河川禁漁期，好捉弄者將大尾海洋鯡魚丟進河裡，戲弄漁民，並大喊：「*Poisson d'avril !*」

　　18世紀此種戲弄已相當風行，1831年雨果還將它寫進《鐘樓怪人》（*Notre Dame de Paris*），醜怪的男主角卡西莫多（Quasimodo）被群眾推選為「愚人節之王」（Pape des fous）。之後，迅速傳布各地，英國人稱「四月的愚人」（April Fool's！），德國人稱「四月的玩笑」（Aprilscherz！）。如今法國學生玩得最多的，便是當天將魚形剪紙偷偷貼在別人背上，一等對方發現，就大喊：「*Poisson d'avril !*」。不過，古希臘人

早已有此消遣技倆！

　　這種「惡作劇」（canular），法文裡亦指「假新聞」，很快就在世界各地流行（尤其是英語世界），最著名的事件有：英國廣播公司（BBC）在某年的愚人節宣布已開始測試通過電視傳播氣味。後來據報，確實有人聯繫BBC，稱他們聞到了從電視機中傳來的香味。荷蘭媒體曾經報導，為強制使用者繳交電視收視費，政府已經研發出一種儀器，警察只要手持該儀器在街道上行走，就可以立即偵測到那些沒有繳費的電視機。而唯一能躲避檢查的方法就是用鋁箔紙將電視機包起來。新聞發布後幾小時內，全國超市的鋁箔紙被搶購一空。另外，香港著名影歌藝人張國榮在愚人節當天跳樓自殺，消息雖然在網絡上廣泛流傳，但一度被人認為是不可能的惡作劇。直至主要媒體（電視新聞、電台新聞）有所報導，才發覺消息屬實。

Postmoderne〔剖斯特摩登〕
後現代

　　「後現代」（postmoderne）是1980年代以降當代社會的主流思考。它是一個時髦、含糊、爭議性的概念。1979年由李歐塔（J.-F. Lyotard）率先提出，針對「知識」的合法性發出質疑，反對西方傳統文化中的「大敘述」，批判科學及資本主義的專橫，及懷疑普世原則的適用性。這種思辨「民主化」及「解構」意味濃郁的策略幾乎宣告了哲學的終結，並迅速滲透到各個思想領域。巧的是，透過網際網路，它成了一場史無前例，且幾乎零時差的全球思辨運動。

　　「後現代」首先是一種「思辨」，出現在1950-1960年代。它是對18世紀以降的「啓蒙時期」（les Lumières）的再思考與批判，也就是美國學界稱之爲「法蘭西思潮」（French Theory）的那些「創意性破壞」的論述。它可說是一項最具法國特色的哲學思辨，即不斷破解德國哲學論述中探索統一、同一和必然的命題，而去強調多元、偶發、事件及斷裂的論述。李歐塔延續並繼承了三位主張「差異」（différence）的哲學

家：傅柯（Michel Foucault）、德勒茲（Gilles Deleuze）、德希達（Jacques Derrida）的思考，並替當代眾說紛紜的觀念世界，找到立論的基礎。「後現代」與德希達的「解構」遙相呼應，後者明確的點出意義世界的多元性及浮動性，尤其透過「延異」（différance）的操作，指出意義是在「差異」中產生，並且永遠會「延擱」成更多的意義。

　　這股思潮基本上宣告了「現代性」的終結，因為它刻意想擺脫傳統理性、共同風尚及大一統，探尋新的出路。因而凸顯了西方哲學論述中的非理性、多元性、破壞性及解構性。這些觀點由於切中當代西方主流「時代精神」（l'esprit de l'époque），而於1980年代達到流行高潮。起初，它僅涉及哲學與文藝美學，之後，舉凡人類的思考，不論人文或自然科學，都得到它的啟發，幾乎也就完成了一場「非啟蒙」的文化革命。

Provence〔普羅旺斯〕
普羅旺斯

　　「普羅旺斯」（La Provence）源於拉丁字「*Provincia romana*」，意指「羅馬行省」。現爲法國東南隅的一個行政「地區」（région），毗鄰地中海，與義大利接壤。介於隆河（Rhône）及瓦爾河（Var）之間，包括馬賽、尼斯等名港，以及尼姆及亞維儂等名城。屬於奧克語（langue d'Oc）方言區。原爲卡佩王朝的安茹公爵（duc d'Anjou）領地，1481年「過繼」給法國國王路易十一，1487年建省迄今。此地區物產豐饒，尤產美酒、佳餚。自古希臘、古羅馬時代起就吸引著無數遊人，至今依然是旅遊勝地。過去它一直以「眞正的法國」（la France profonde）自豪。

　　的確，這兒就是不同於我們一向所認知「另一種法國」，即俗稱的「南方」（le Midi，它是從「正午」之意轉來）。不同於北方的冷酷與極端，它強調溫暖與適度。儘管併入法國反而帶來文化上的大浩劫：方言奧克語快速萎縮、吟唱詩（troubadour）早已無人傳唱；也儘管每年冬季仍會吹起那令

人無以招架乾寒的西北風（mistral），這裡，永遠有著陽光、花朵、香草、醇酒、美食，處處有古蹟，還有純樸可愛、樂天知命、純樸善良的民情，這些本身就是一種傳奇！

如今，「普羅旺斯」更像一道魔咒，源源不斷吸引全球觀光客前來朝聖。英國作家彼得・梅爾正是這場「壯遊」（grand tour）的魔法師。1989年，他不經意寫下寄居日誌《山居歲月——普羅旺斯的一年》，意外觸動全球尋找歡樂的神經，狠狠炒熱一股莫名的「普羅旺斯熱」。有人按圖索驥尋訪書中的足跡，有人乾脆架起攝影機窺伺並記錄這位旅遊新教主的一舉一動。十年後他又寫了一本《重返山居歲月》，筆觸更誠摯，觀察更入微。為什麼又寫了？他說：「離開它之後總覺得少了些什麼，或許是那裡的各種聲音、氣味和感覺，我心底不由得隱隱抽痛，有種想家的悵然感覺……。」

Quatre-vingt-dix-neuf〔喀特 彎 滴斯納夫〕
九十九

　　法文裡有許多「建構式」的數字，其中以「99」（quatre-vingt-dix-neuf）最爲壯觀（即4×20＋10＋9＝99）。無論聽說寫它都極爲冗長，但法國人不以爲忤，連半點兒修訂它的意向都沒有。反之，比利時、魁北克等法語區早已將之縮改爲「nonante-neuf」，法國人對語言及文化的守舊態度可見一斑。儘管如此，令法國人驕傲的是，在數理研究上他們一向都十分出類拔萃。

　　法文裡對「40」這個數字也極爲偏好：「年過四十」是人生莫大警訊。除宗教上有「四十天封齋期」（la Saint quarantaine），軍事上亦有「四十天休戰期」（源於1245年），法蘭西學院（Académie Française）有40位終身院士，號稱「四十不朽者」等等。14世紀中葉爲對抗那場僅僅七年就讓歐洲人口折損了三分之一的鼠疫，唯一能做的就是隔離感染源。義大利最早規定凡外國船隻到港，須先在外海「隔離四十天」（mettre en quarantaine）才能登陸。1635年正式成爲法文

用語，後延伸為「排斥、孤立或杯葛某人」，如今，這個詞亦有「隔離檢疫」之意。聯合國世界衛生組織亦採用此字，特指須進行檢疫的傳染病。

另外，法國國土地型呈六角形狀，也採「Hexagone」做為別稱。「demi-finale」是「準決賽」，「huitième finale」是「打進八強」。「à la une」是「登上頭版新聞」。「deux minutes」是「一點兒時間」。法國新浪潮大導演楚浮（François Truffaut）的名片《四百擊》（Les quartre cents coups）則是很偷懶的譯法，「quartre cent」是「極多」之轉意，「coups」是指「蠢事」之意，在此則是指「放浪形骸，不守規矩」之意，也難怪很多人看了摸不著頭緒，抱怨看不懂。至於「trente-six moyens」（36計），明顯受到《孫子兵法》（這本名著很早就有了法文譯本）的啟發，指的是「各種應付的方法」，如我們常說的「備有18套劇本」。

Radis 〔哈地〕
櫻桃蘿蔔

西歐中古時期鼠疫橫行，弄得歐洲哀鴻遍野、路有餓殍。所幸人們無意間發現這種野生紅皮蘿蔔（今俗稱「櫻桃蘿蔔」或「四季蘿蔔」），才得以控制疫情。法文、英文「Radish」、義大利文「Radice」，皆源於拉丁文 *radix*，指「根」。根據法國當代史學大家布勞岱爾（Fernand Braudel）考證，多虧找到這種野生抗瘟植物，才讓歐洲人不致滅絕。但之後歐洲隨即爆發人口過多現象，糧食供應又無以為濟。此時歐洲人便往外四處擴張，掠奪殖民，搞得地球天翻地覆。總之，一個小小作物的發現便足以改變人類歷史！

西方人皆生食「櫻桃蘿蔔」，或灑上鹽，夾上奶油（簡稱「radis beurre」），當做餐前開胃聖品。法國肺病醫生、作家暨著名美食家德雷納（Jean-Philippe Derenne），2009年9月與人合作出版一本H1N1防疫指南（*Grippe A* 〔*H1N1*〕），1996年曾寫了一本暢銷食評《廚房業餘手》（*Amateur de cuisine*），特別提到「櫻桃蘿蔔」（radis rose）：「它乃是世間最美麗的

蔬菜，活力旺盛、形態協致、根葉勻稱，有著新鮮獨一的口感，嚼來響脆，溫和微刺。若能配上布列塔尼格朗德（Guerande）的海鹽、諾曼第艾西雷（Échiré）的奶油，以及上好的麵包，那將會是怎樣的一道開胃冷盤！是絕不能錯過的『佳餚』（regal），而且終年不分季節皆可啖之！」由於「櫻桃蘿蔔」的形狀酷似古代法國的銅子（sou），故此字亦被當作「小額的錢」（1842）。此外，這個字也喻指「小孩童」，「像櫻桃蘿蔔那樣圓嘟嘟、紅咚咚的」（rond et rose comme un radis）。

事實上，蘿蔔（白皮蘿蔔）含豐富礦物質、微量元素及多種維他命，本盛產於中土，並早已引為藥膳，主治消化，有清熱氣及解毒功能。《本草綱目》也提及蘿蔔具解酒功能。台灣原住民普遍擅飲，喝酒時往往生蘿蔔不離手，似可佐證。

Rendez-vous〔杭德屋〕
約會

　　「Rendez-vous!」原是軍事用語「se rendre」（投降）的命令式，即喝令對方束手就擒之意。後來轉為移動部隊「前往」。1578年名詞化，意為「會合的地點」，其衍生意義包括：「約會」、「碰面的地點或對象」、「經常聚會的場所」，「期待的事物」，甚至曠男怨女之間的「幽會」，如「rendez-vous galant」、「maison de rendez-vous」，即古代的專供男女情侶私會的場所，相當於現代的「賓館」（hôtel de l'amour」）等等。

　　和法國人打過照面的人都會有這麼一個印象，那就是法國人基本上是講禮貌的，不粗魯。即便男女朋友要分手，也會「約會」見面，一起愉快地共進晚餐，然後才提出：「我們以後不要再見面了！」此字於1598年即傳入英語，寫成「Rendezvous」，當動詞使用。由於這個詞太具遐思了，以至於被原封不動的借用到所有羅曼語系裡，還包括德文、丹麥文、荷蘭文等等，不過都特別強調它的浪漫面，如「Romantic

Rendezvous」。現代美語則直接與「Date」（男女約會）混用。當然，說起法文總會自覺文化素養高一些。反而，法文已逐漸放棄這種用法，採用新詞「sortie」（原意「外出」，亦指「外出休閒活動」），「*sortir avec quelqu'un*」即指「與某人約會拍拖」。

　　法國人辦事一定要先預約好（sur rendez-vous），他們很不能忍受「不速之客」，或路過敲門的行為。他們基本上很守時，但不必太準時抵達。遲個五至六分鐘到場已算是「很準時」的了。他們尤其忌諱「早到」。曾有一位大陸學者約好登門拜訪一位住在巴黎郊區心儀的法國大作家。因沒算好時間，早到了一刻鐘，就直接按他家的電鈴。結果這位文學大師硬是請他「準時」再來。因為，這位法國人的「生理時間」還沒準備好。但若是應邀到法國朋友家中作客，切記，一定要晚個一刻鐘以上才算「準時」，才去敲門。至於情人約會，跟普天下的女人一樣，法國女人絕不會準時到的！

Rive gauche〔里夫 勾施〕
左岸

　　「Rive gauche」即指塞納河流經巴黎市區的左岸地區，也就是俗稱的「拉丁區」（Quartier latin）。那兒正是巴黎的舊城區，人文思潮的薈萃地，至今仍有著令人發思古幽情、曲折蜿蜒的街衢、古色古香的建築、濃郁的咖啡飄香和文藝氣息等。台灣奧美廣告替統一企業罐裝咖啡飲料打響「左岸咖啡」品牌，而引起一股「左岸」熱潮。事實上，直到2000年此地才在聖米榭廣場（Place Saint Michel）邊上冒出一家不甚起眼的「左岸咖啡館」（Café Rive gauche）。

　　巴黎「拉丁區」出現於14世紀，先是索邦大學創校，其他學府相繼成立，因師生皆須以拉丁文交談，因而得名。之後，此區活力十足，逐漸吸引達官新貴進駐，形成以文化知識為主流的中產階級區。與右岸王室和商業大街成了鮮明對比。遂有人戲稱：「右岸用錢，左岸用腦」（l'argent rive droite, la culture rive gauche）。20世紀因二次大戰前有超現實主義和戰後存在主義者在此區咖啡館高談闊論，以及戰後法國文藝及哲學思潮的

獨領風騷，使「拉丁區」的聲名遠播。不過，隨著資本主義的逼近，房地產的炒作，國際連鎖商店的進駐，巴黎左岸已有逐漸淪陷之勢。

　　廣義的「巴黎左岸」即巴黎的整個南側，包括歷史上的「左岸」五、六、七區，及更南邊的13、14、15區。這裡（特指五、六區）現今仍因活動人口（藝術家、浪跡者、知識分子）、生活形態、穿著樣式及建物外觀而相當凸顯（相對於16、17區的商業及資產階級生活方式）。這兒更是「布爾喬亞‧波希米亞生活方式」（B.B.）的最佳場景。不過，當前這個詞在華人世界裡幾乎就是一個流行語、甚至就是一種「流行概念」，包括文化及意識形態的強烈意涵，既是法式生活、文化品味及藝術氣息的同義詞，也是「激進」、「先鋒」的概念，如中國大陸的「左岸公社」及「左岸文化」。

Romantique〔羅曼蒂克〕
浪漫

「浪漫」（或譯「羅曼蒂克」）源自英語「romantic」，但任誰也不可能將之與英國人聯想在一起。實則它是從法語借來的詞，其更早的源頭為「romance」（「羅曼斯」或「羅曼史」），指的是以「愛情」為主題，結局圓滿的喜劇。至於18世紀末起橫掃歐洲的「浪漫主義」（romantisme）文藝思潮，則源於德國，影響英國，於1830年代傳入法國。它主要反對封建專制的美學及刻板的「古典主義」（classicisme）文風，尤其強調熱情奔放及個人的解放。

「浪漫」一詞於20世紀初引進中國，最早指的是「富有詩意，充滿幻想」，及「行為放蕩，不拘小節」。但當初謳歌它的人只取其正面意義，視之為「年輕、朝氣」的特徵。不過，它尚有「不切實際、空想、虛張，甚至濫情」之負面意涵。當前人們一提及法國便聯想到「浪漫」。實則，法文「romantique」根本與「富有詩意，充滿幻想」無甚關聯，而是與那些內容易感的、激昂的、富於幻想的愛情「小說」有

關。而真正反映這種情緒的反而是「romanesque」這個詞，但它也只是表現出一種「多愁善感」的體質而已，如「une femme romanesque」（愛幻想憧憬的女人）。

　　華文世界一向十分傾慕法國男士的「獻殷勤及多情作風」，並稱之為「浪漫」。實則，這只是一種「風流」（galanterie）及「向女人獻殷勤」（courtoisie）的行為。這種「浪漫」的男人應稱之為「風流人士」（galant）或古典一點的說法：「chevalier servant」（以騎士精神服侍貴夫人）。總之，語言的指涉本來就因地制宜。有云：「法國男人之所以浪漫，那是因為他眼底下的女人都多愁善感！」如果我們仍取當前「浪漫」之意，它應是一種「自信」的表現，且不分男女，一種樂天知足的生活態度，一種把平凡無奇，或雜亂不堪的局面變得有美感及有詩意的本事。

Salon〔沙龍〕
沙龍

　　「沙龍」（Salon），至少有四意：「客廳、文藝空間、展覽、店鋪」。最早（1664）借自義大利文「Salone」，指的是王宮或豪門接待賓客的大廳。在文藝復興時期的義大利，「沙龍」是作為文人雅士論事與交誼的場所。傳至法國，轉為權貴或富豪女主人接待其所供養的藝文人士，並與之一起發表創作的空間，如「文藝沙龍」（salon littéraie）。在咖啡館尚未普及的時代，這裡既是唯一的藝文空間，亦是唯一的政治論壇，也是早期西方文化真正的搖籃。它既是社交、政治、社會及文化的重要場所，也是學術與藝術的中心，更是引導新思潮的庇護所及發祥地，以及新時尚的活躍空間……。1789年法國的大革命已提前在這裡引爆了！

　　隨後，它也被當成展示美術創作的空間，或者美術館裡的「展覽廳」。1750年它成了定期美展的代名詞，著名的有1863年「沙龍落選展」（Salon des refusés）。這個詞也被當成「藝術評論集子」，如狄德羅（Denis Diderot）的《沙龍》（1759-

1781）以及波特萊爾的《1846年沙龍》。20世紀，甚至被廣泛使用到各式商業展覽，如汽車展、書展、電腦展等。1863年起也被借用為商業空間，如餐館的包廂、理髮店（salon de coiffure，中文直譯為「美髮沙龍」）、茶樓（salon de thé）或美體小舖（salon de beauté）等。不過，「美髮沙龍」已逐漸式微，代之以「髮型工作坊」（atelier de coiffure）。以及在法文網路上供人發表意見的「論壇」。

　　「沙龍」飄洋過海，到了華文世界則衍生出諸如「沙龍攝影」及「沙龍照」的說法。前者應是指非寫真的「藝術攝影」，強調唯美、寫意及脫離現實。後者指的就是「唯美照」，通常是在攝影棚拍攝完成，經過修飾、加工、美化的照片。至於「danse de salon」不稱「沙龍舞」，而叫「交際舞」。

Soixante-huitard〔刷商予達爾〕
六八學運世代

　　「Soixante-huitard」一詞出現於1970年，指的是參與1968年五月學運的人士，援引的是百餘年前參加1848年二月那場民主革命人士的用詞：「Quarante-huitard」。詩人波特萊爾曾熱烈響應，並自稱「同謀者」（conspirateur）。1968年的抗爭活動幾乎動搖法國國本，有人取其政治影響稱「五月風暴」，有人偏向社會文化影響稱之為「學運」或「社會抗爭」。這場抗爭持續了一個多月，全國1,000萬人走上街頭，讓法國政府搖搖欲墜，折損了戴高樂總統的聲望，隔年他便決心交棒下台。這也是一場帶著希望花朵，沒有血腥的「平靜革命」。

　　這場由學生主導的社會改革運動，基本上是一場自發性的大抗爭，觸及的領域包括當時法國的文化、社會、政治及哲學思辨。社會學家莫杭（Edgar Morin）分析指出，它「侵蝕了整個資本主義社會的基質，有利於某種新時代精神的湧現」，因而是一場成功的「文化革命」！歷史學者也公認這是法國在「20世紀最大的一場社會運動」。這場運動一直讓當年帶著某

種幻覺狂熱，決戰街壘的人士，畢生引以為豪，而自況「Soixante-huitard」。這些搞街頭革命的年輕人高舉的最醒目的標語是「誰都不准禁止」（*Il est interdit d'interdire！*）

事過境遷，六八學運世代已算完成交棒，法國也確實在他們的「催促」下，完成了一場「世代交替」，尤其是價值觀念和思考方面。當初讓一整批年輕人適應不良的「消費社會」（société de consommation）已經成了一項社會現實。當初強力爭取的「性解放」：「*faire l'amour, pas la guerre*」（寧做愛，不作戰）的口號似乎顯得青澀又幼稚。彼時高喊的偶像「*Ho Ho Ho Chi Minh, Che Che Guevara！*」（胡志明！切格瓦拉！）皆早已作古。當初批判老人治國的口號：「*Sois jeune et tais-toi！*」（想法年輕點，否則閉嘴！）似乎還一直能引起共鳴。在法國，目前至少已有16部電影13首歌及其他蓋棺論定的文獻「見證」了這場革命。

Spa〔斯帕〕
斯帕（水療）

「Spa」近來已蔚為風氣，一直被誤認為是某個運動醫學專有名詞的縮寫。其實它源於比利時東部列日省（Liège）法語區一溫泉小鎮之名（人口只有一萬人）。此種以水為主題，結合醫療、休閒、娛樂的活動直到1960年代才引進到美國。當時（1966）美國人還用製造該套熱水設備的公司（Jacuzzi Bath）來稱呼，後來（1974）才一律改稱「Spa Bath」。此後，「Spa」逐漸成為都會生活的日常用語。目前還發展出：Spa旅遊、Spa按摩、Spa靈修、Spa音樂等等。

比利時斯帕溫馨溫泉小鎮「斯帕」（Spa）也「再度」受惠於當前這股「體驗經濟」的熱潮。不過，古羅馬時期，這座擁有七座湧泉（目前已有20餘座）的「水城」，早已成了酷愛沐浴的羅馬人趨之若鶩的休閒勝地。16世紀便已投入「水經濟」的開發，1583年它便賣起「礦泉水」，比起法國中部的「維琪」（Vichy）還早開發（這兒的第一口泉是在1750年才商業化經營）。之後，因水質優良，交通便捷，因能吸引歐洲

各國王公貴族造訪，最著名的有沙皇彼得大帝（Pierre le Grand）於1717年專程來此休憩。德皇約瑟夫二世（Joseph II）經常前往體驗此地神奇之泉，1781年爲便於記誦，將該鎮原名「Aquae Sepadonae」，改名爲「Spa」，並送給它一個封號「歐洲咖啡館」（Café de l'Europe）。17、18世紀此處是歐洲王公貴族必遊之地，也是英國人「壯遊」的首選，雨果及大仲馬（Alexendre Dumas, père）也是這裡的「貴客」

「斯帕」（Spa）除了鎮名被各種語言援引，直接作爲「水療」的同義詞，這些城鎮在開發水資源及休閒產業的經營模式很早就是各國觀摩參考的對象。1763年，此地即設了第一座現代賭場（Casino La Redoute），1924年便有了24小時賽車競賽「Circuit de Spa-Francochamps」，1994年更推出法國歌曲大賽「Francofolie de Spa」。

Surréalisme〔絮雷阿里思姆〕
超現實主義

　　「Surréalisme」（超現實主義）是20世紀初期最前衛，也是最重要的文藝思潮（尤其是繪畫和詩作）。它同時受到一次大戰前的虛無派「達達主義」、柏格森（Henri Bergson）的「直覺主義」、馬克思的「改造世界」的撼動，以及新興起的佛洛依德「潛意識」學說的多重影響，並在法國詩人布勒東登高一呼及帶領下所形成的一股新文藝派別。它反對建制化的理性，主張直接訴諸心靈考察及啓示。其代表人物除布列東外，尚有詩人艾呂雅（Paul Eluard）、阿拉貢（Louis Aragon）等，及畫家畢卡索、達利（Salvador Dali）、米羅（Joan Miro）等人。

　　布勒東在1924年發表第一次《超現實主義宣言》時強調：超現實主義是一種手段，是一種內在思想的表述，沒有任何理性分析，也超越審美和道德的約束。他說：「超現實主義建立在某些被忽視的聯想形式的超級真實、夢幻以及遭人棄置的思考之上；結合這些心理的機械，替人們找到解決生命主要問題

的方法。」簡言之，它是一種對「想像」的徹底解放，徹底顛
覆傳統美學，並能開創新美學的藝術表現型態。它對當今的藝
術及日常生活仍有著極深刻的影響，且時至今日，尚無任何藝
術論述能夠直接「超」越過它。

「Surréalisme」一詞最早由詩人阿波里奈爾（G.
Apollinaire）提議使用（1917年），作為他們這群前衛思考團
體的名稱，但由於太過「顛覆」與「先進」，為時人所誤會與
排斥。尤其布勒東曾語帶挑釁地說過：「何謂『超現實主
義』？就是拿著機槍在街頭掃射！」而引發更多的誤解。2002
年一位學者迪羅組瓦（Gérard Durozoi）為文指出：「超現實
主義成了過度盛名的受害者，人們會不遲疑的對一些醜怪及不
尋常的事物冠以『超現實』，而不去注意到它的嚴謹面。其
實，透過它的協致及追求的穩定性，反而是最能引為楷模
的。」

TGV〔特杰威〕
高速火車

　　「TGV」（Train à grande vitesse，高速火車）是法國繼「迷你視訊機」（Minitel）、亞利安火箭、協和號超音速飛機、核能電廠及空中巴士民航機之後，最引以為豪的科技成就，也是獲利最大、最具潛力、最有助於提昇法國形象的項目。每個搭乘過的人都會對其舒適、寧靜、快速、穩定、質感及準點留下深刻印象。自1981年9月開駛以來已載過近20億人次的旅客（估計2010年會出現）。目前它仍是火車行駛速度世界最快紀錄保持者：每小時574.8公里，一般載客時速平均為320公里。2006年5月17日創下最長程不停靠（Non-Stop）紀錄：從倫敦到尼斯1,421公里，只花了7小時又25分，搭乘的主角是拍攝《達文西密碼》的電影組員。

　　法國發展高速火車是受到日本1959年興建新幹線高鐵的刺激。1966年組成研發團隊，1971年試車，1973年碰上國際石油危機，放棄先前以瓦斯為動能的設計，改為電力。1974年選定巴黎—里昂為第一條路線，1981年9月27日駛出第一輛橘色流

線形的「高速火車」。這個現代感十足的車鼻是由科佩
（Jacques Cooper）所設計。之後就展開一系列「高速」的打破
車速紀錄及擴張。1981年時速380公里，1988年時速408.4公
里，1990年時速515.3公里，2007年時速574.8公里。法國境內
的高速鐵道總長已有1,800公里，每年載運旅客8,500萬人次，
461輛列車，預計2014年起再逐年添購300輛第四代列車。

　　法國「高速火車」以透過跨國合營方式延伸到周邊各國：
比利時、荷蘭、英國、德國、瑞士及義大利。並承包了西班
牙、南韓、美國波士頓—華盛頓線。阿根廷及摩洛哥是預定計
畫。最大的憾事是1990年代因資金條件不如日本營建團，而失
去了替台灣興建第一條高鐵的機會！20餘年來，這種高速火車
只出現三次「脫軌」意外，皆無重大傷亡，號稱是「世上最安
全的交通工具」。2008年它的廣告詞是：「*Plus de vie dans votre
vie !*」（在你的生命中增添新生命！）

Tour de France〔圖爾 德 法蘭斯〕
環法自行車賽

　　「Tour de France」（環繞法國一圈），即「環法自行車賽」，是國際公路單車運動中規模最大、影響最廣的自行車大賽。每年7月舉行，每次賽期23天，分21段，平均賽程超過3,500公里。每年路線不一，但都環繞法國一周，經常也出入周邊鄰國。2010年將從荷蘭鹿特丹出發。從1975年起，終點站便設在巴黎香榭麗舍大道。比賽全程分成許多段，每一段分別計分排名，最後加總得出冠軍。每隊由九名選手組成，安排一位「領騎」（leader）負責拿分，其餘的隊友就擔任「陪跑」（domestique）兼護航。傳統上，只有一流的專業賽車隊才能受邀參賽。

　　「環法賽」始於1903年，原因是許多業者不滿當時唯一的體育報《Le Vélo》在「德雷福斯案」（Affaire Dreyfus）事件中太過傾向支持蒙受不白之冤的猶太裔軍官德雷福斯，而投資另創《L'Auto-Vélo》刊物。但前者提起名稱專利訴訟，後者敗訴，只得使用《L'Auto》。為避免流失讀者，這份新體育刊物

才想出挑戰「最極限的自由車大賽」，即「環法自行車賽」，結果反而締造了許多不可思議的佳績，不僅該刊物蒸蒸日上，且帶動自行車活動，目前每年有1,500萬人以上沿途加油，全球有一億六千萬人收看電視轉播。從1919年起，區段領先者就穿上黃色運動衫（maillot jaune），因為黃色是該體育刊物的紙張顏色，上頭還印有當初發想者德格朗日（Henri Desgrange）的簽名。

「環法賽」也稱「Le Tour」（環賽）及「La Grande Boucle」（大環賽），2003年為慶祝百周年，又回到1903年第一屆的原始路段：聖德尼、里昂、馬賽、圖魯茲、波爾多、南特及維勒達弗瑞（Ville d'Avray）。截至2009年，法國隊共獲得36次冠軍居首，其次是比利時隊（18），西班牙隊（12），美國隊（10）。當中，曾罹患癌症痊癒的美國選手阿姆斯壯（Lance Armstrong）就包辦了七次冠軍（1999-2005），創下了環法賽的歷史紀錄。

Tour Eiffel〔圖爾 艾菲爾〕
艾菲爾鐵塔

　　「艾菲爾鐵塔」彷若是一場夢。1877年，法國政府為籌備大革命百週年慶，舉辦第三屆世界博覽會，希望建成一個能彰顯國力的標竿建築物。建築師艾菲爾（Gustave Eiffel）的參選圖從百餘件競圖中雀屏中選，他承諾「讓法國成為第一個將國旗掛上300公尺高空的國家」。1889年3月31日他們的理想實現了。直到1930年美國紐約帝國大廈建成，它一直是全球最高的建物（2000年測量為324公尺高）。如今它已成了法國及巴黎的唯一象徵，每年有超過700萬人次的付費參訪。從原先如樣品屋的臨時建物，如今成了深烙至少二億四千萬人（估計曾在此登高的總人數）心底永久的紀念建物！

　　當初艾菲爾的計畫並不順利，巴黎市政府只撥下五分之一的經費，餘款則由他去籌措，前20年的門票收入歸他所有。但以作家莫泊桑為首的50餘位名人聯署抗議，左拉稱之為「插在巴黎心臟上的一把刀」，小仲馬（Alexendre du Dumas, fils）說它是「巴黎的一盞不幸的路燈」。建成之後，莫泊桑卻經常跑

到鐵塔樓上附設的餐館用餐，人們問他何以改變初衷，他反駁說：「不！只有在這裡才看不到鐵塔。」巴黎市政府抵擋不了壓力，決定20年後拆除它。孰料，好奇的民眾更加踴躍，博覽會期間就有200萬人參訪。最後是無線電廣播救了它。因為它的高度「無人能比」，一次大戰期間它保障了法軍的通訊，戰後便以「戰鬥英雄」被永久保存。

　　「艾菲爾鐵塔」是跨越時代的前衛建築，靈感來自矗立在協和廣場的古埃及方型尖碑。它是鋼鐵工業技術和法國「美好時代」（La Belle Époque）優美品味的巧妙融合。它尤其受到前衛藝術家的的肯定，畢卡索曾為鐵塔畫了一張美麗的畫，詩人阿波里奈爾歌頌它是「雲朵裡的牧羊女」。羅蘭·巴特不禁讚嘆說：「它總是那樣友善，融入到巴黎的日常生活。」

Tricolore〔特里科羅爾〕
法國國旗

　　「Tricolore」（三色旗），也叫「藍白紅旗」，即「法國國旗」（drapeau national）的別稱。一說，三色旗源於1789年7月法國大革命期間革命軍所戴的帽章。該帽章由總司令拉法葉侯爵（Marquis de Lafayette）設計，原本只有紅藍兩色，借自巴黎市市徽的顏色，後來拉法葉加入代表王室的白顏色，即希望人民與王室攜手合作，建立一個自由平等的新國家。一說「藍色」代表「秩序」的市政府，「紅色」代表「自由」，即革命群眾。雨果在一篇文章（1849）交代自己多變的政治立場時曾說：「我支持紅、白、藍，支持三色，換言之，我支持人民、秩序及自由。」

　　1794年三色旗被選爲海軍旗，1812年再度選定爲「國旗」，1815年禁用，直到1830年才正式定國旗。該年，浪漫派畫家德拉克洛瓦創作了名畫〈自由引導人民〉，畫中正是那面勇往直前的三色旗。詩人兼國會議員拉馬丁（Alphonse de Lamartine）在1848年質詢時說：「三色旗以祖國的名號、榮耀

及自由，行遍寰宇。」「Tricolore」在體育新聞用語裡也指「法國隊選手」，如「victoire des tricilores」。此外，它也意指「愛國的、民族主義的」，如「Bleu Blanc Rouge / BBR」指「100%純法國」的人事物。1998年世界盃足球賽時，人們借用這個說法，稱許法國隊的多民族組合「Black Blanc Beur / BBB」（黑、白、阿拉伯裔）。

當今，法國政府也傾向於將「藍白紅」三色旗與法國立國精神「自由、平等、博愛」掛勾。事實上，法國「三色旗」的象徵，配上它的革命屬性，及法國諸多正面形象，自古以來一直都是許多新興國家選定國家旗幟時的參考：義大利、比利時、愛爾蘭、羅馬尼亞，以及早期法屬殖民國家，甚至泰國。中華民國的旗幟也是藍白紅（青天白日滿地紅）三色。革命烈士陸皓東於1895年首創「青天白日旗」，事敗身亡，給了孫中山靈感，建議加上「滿地紅」，才定案。

Truffe〔特呂夫〕
松露

　　「Truffe」（松露），與松樹無關，實則是一種蕈類的總稱，成長在闊葉林地表淺層，附著樹根生長，散布於樹底120至150公分方圓之處，塊狀主體藏於地下5到40公分。可能早年《讀者文摘》中文版介紹時採用此名，為當今之世最為珍貴的食材。該字源於普羅旺斯方言「trufa」，指的正是這種能散發奇特異香的塊狀球菌。每年冬季採收，野生松露皆須仰賴豬隻、狗及飛蠅才得以偵獲，而平添幾分傳奇。16世紀自義大利引進，成了法蘭西一世（François Iᵉʳ）的桌上物。18世紀末引為佳餚及調味聖品，它的風味難以言喻，略帶土味，既不像蕈類，亦非肉類，卻有著極濃的野味。若搭配新鮮鵝肝烹燒，更是曠世奢品！

　　松露本身吃起來並無特別的味道，但因為散發著特殊的氣味，是入味及提味的聖品，烹飪的祕訣在於掌握其香氣。常見生食的吃法是，將之切片成如薄紙狀，放在沙拉冷盤上。1825年，法國著名美食家布里亞稱之為「廚房裡的鑽石」（les diamants de la cuisine）。歐洲人將松露與魚子醬、鵝肝並列「世界三大珍饈」，屬於高貴食材之一，特別是法國產的黑松露與義大利產的白松露評價最高，價格也不菲。2006年一顆1.5公斤的白松露，竟以161,000美元成交。西藏喜馬拉亞山麓亦產此菌，但因品種不同，風味平淡，價格不及法國一般松露的四分之一。目前大多人工培育（占市場的八成），但養成不易，根本供不應求。看來早就該將它列為保育類植物，公告禁食20年，但吃過的人（尤其法國老饕）恐怕打死也不從！

　　「Truffe」古時亦指「馬鈴薯」，蓋兩者皆長於地底下。若葡萄酒濃烈帶有土味也說成「Truffe」。松露外觀醜陋，該字亦指「蒜頭大鼻」、及「空心笨伯」之意。野生松露生長的四周寸草不生，科學家發現可以用它來提煉化妝用品，有抑制多毛及改善膚質的功效！

Université de Paris〔迂尼威斯得 戴 巴黎〕
巴黎大學

　　「巴黎大學」並非歐洲第一所大學，早於它的尚有義大利的波隆那（Bologna）大學及法國南方的蒙彼利埃（Montpellier）大學，但就規模和深遠影響而言，它素有「歐洲大學之母」之稱。包括當初英國牛津大學及德國柏林洪堡大學的創辦人皆直接取法於它。目前「巴黎大學」是大巴黎地區13所大學的總稱，學生人數超過34萬人（外籍生至少占15%以上），占法國大學生人數的三分之一，堪稱全球最大的「大學集團」。不過，當初創辦時（1253年）卻只招收到16名窮學生！

　　「巴黎大學」原名「索爾邦大學」（La Sorbonne），是紀念其創辦人「Robert de Sorbon」修士。其爲法王聖路易（Saint Louis）的告解士，1257年，國王將今拉丁區兩棟樓屋贈送他。在取得教皇許可後，他便自任神學院（Collège de Sorbonne）院長，收徒授課，一度成爲歐洲神學重鎮。但該校也不斷捲入宗教爭端及政爭。英法百年戰爭期間還選擇親英立場。1791年遭革命政府廢校，改成多所專業取向的學院。1806

年拿破崙合併各學院，組成包含科學、文學、神學、法學及醫學五個學院的大學，合稱「帝國大學」。1896年又重新整合，定名「巴黎大學」。1968年因學生運動抗議資源不足、學非所用及教學保守，於1971年再細分為13所大學（其中前七所位在巴黎左岸），各司專業。2005年，為因應全球化趨勢提昇競爭力，研議再度合併，成立多個「高等教研中心」（PRES），並計劃成立「大巴黎大學」（Université de Paris Île-de-France）。

　　「巴黎第一大學」（即「索爾邦大學」）因極具象徵意涵，從1968年起經常成為抗議學生「占據」的地點。2006年，學生鑑於就業市場惡化，擔心未來出路，又不滿政府推出的配套措施，又再度占據校區，並大肆破壞，估計損壞達80萬歐元。校方只得出租場地，供作拍片現場，以為補貼。

Vélib' 〔威利布〕
自助單車

　　「Vélib'」是「Vélos en libre-service」的縮寫，巴黎市政府於2007年7月推出，一種設在都會區地鐵站或觀光景點附近，供民眾自行取車租用的服務系統。它結合了當前環保意識和交通服務理念，也是一種時尚的新概念，也符合了中產階級的生活品味及意識形態。此外，這項措施也是一項極成功的政治行銷與都市形象更新策略。推出以來，隨即引發媒體效應，國際重要都會競相效尤，倫敦、維也納、馬德里、芝加哥、首爾等皆有意跟進。台北市也劍及履及，於2009年夏在市府廣場周遭選點試辦「微笑單車」。

　　巴黎並非最早提倡這種結合健康與環保訴求的城市。阿姆斯特丹及北歐幾個重要都市更早就規劃有自行車專用道。巴黎是等到2001年才開始興建的。至於「自助單車」則是法國知名廣告業者JCDecaux先於里昂市試辦成功，才大舉在巴黎布局。這個提案不僅不花市政府任何開支，兼又有美化市容，改善生活品質，製造議題等等效果，何樂而不為！只是這些所費不貲

的創意，卻經不起低落公德心的打擊。推出三年多，二萬餘輛每輛造價3,500美元的單車已有八成遭到蓄意破壞。除因部分市民素質低落外，它的中產階級意符，以及不同使用者「路權」的爭奪：既威脅到行人的空間和安全，也占去了車道及停車位。這些反而引起真正普羅大眾的反感。

　　巴黎在市容與城市形象的形塑方面一向領先群倫。從19世紀中葉奧斯曼男爵銜拿破崙三世之命整治巴黎，便同時戮力美化市容，設置了許多設計典雅的「城市家具」，包括公共飲水座、圓形公告欄、新式書報攤，乃至20世紀1980年代出現的路邊公共廁所，現代感十足又播放音樂，還有美觀靈巧的候車亭，既遮風避雨，提供夜間照明，又可供做廣告看板等等。這些街頭家具既創意，又美觀實用，不似若干新興商業城市，霓虹燈和LED燈恣意橫陳，那樣粗暴又俗麗。

Vin〔彎〕
葡萄酒

　　葡萄源自波斯（一說，高加索一帶），盛產於地中海區域；兩河流域和尼羅河流域的古埃及人就已學會釀造葡萄酒。法國葡萄酒的釀造歷史可追溯到羅馬帝國。由於氣候溫和，除了西北部諾曼第外，全國皆產高質量的葡萄。1996年，全國共有超過818,000公頃的葡萄園，13個產酒區域，葡萄酒產量超過46億公升（僅次於義大利）。有云：葡萄酒是上天賜給人類最佳的禮物。那麼法國人準定是「選民」，因為他們出產了世界最多的頂級好酒、也是世界排名第一葡萄酒消費市場。近幾年還因天上掉下來的禮物過多，鬧起生產過剩的問題，被迫將上好佳釀改製成工業酒精！

　　法國餐餐不離葡萄酒，葡萄酒不僅助興，更是佳餚的「良伴」，沒有它再好的美饌也會遜色。故法諺有云：「*Un repas sans vin, est comme une journée sans soleil*」（餐中無酒，恰似烏雲遮日）。懂得欣賞及品味葡萄酒，更是不可或缺的「savoir-vivre」（教養、風度）及「Savoir-faire」（知識、本領）。法

國人甚至將之提昇到生存的高度：「*Qui sait boire sait aimer, qui sait aimer sait boire*」（懂得品酒就懂得愛，懂得愛就懂得品酒）。巴爾札克也入木三分的形容葡萄酒的誘惑：「*Quand le vin est tiré, il faut le boire*」（酒開了，就得喝），也比喻「凡事做了，就做到底」。

　　法國很早便擬就一套葡萄酒品管辦法及分級制度。由高而低分別是：法定產區酒（AOC，即以該產地命名之酒）、優良地區酒（VDQS）、地區酒（Vins de pays）及佐餐酒（Vins de table）。另外，亦會標明質量級數分別是：頂級酒（Grand cru classé）、第一上等酒（Premier cru classé）、上等酒（Cru classé）、特級酒（Cru exceptionnel）及中級酒（Cru bourgeois）。這些評等絕少含糊，尤其是「AOC」級名酒，規定不得越區釀造及使用現代化釀酒方法。19世紀一位詩人這樣寫著：「法國人之所以不朽，那是因為喝了葡萄酒之故，以致連岩石都沒像他們那般堅毅！」

Waters〔哇戴〕
洗手間

　　「Waters」是英文「Water-Closet」的法文說法，法國旅行家1816年自英國引介這種有抽水設備的先進玩意兒，但並未轉譯成「cabinet à eau」，而是直接援用英文。此英文實在不方便發音，1898年改稱「W-C」（doublevécés），1903年再改為「waters」，然後法文化為「vatères」，1946年更徹底變造成為「vécés」，而大功告成。

　　古時處理人類排洩物的問題一直困擾人們，不分貴賤。隨著都市化的進展，如何解決這個問題越見棘手。早期西方人引進土耳其蹲式馬桶，但一直沒能解決排水問題。直到19世紀初，巴黎都沒有完善的下水道，人們直接就從住家樓上傾倒糞便。整個街道不僅汙泥不堪，還臭氣衝天。最後還多虧奧斯曼男爵的整建（1853-1870），其中最大工程就是擴建下水道，巴黎才乾淨起來。現代抽水馬桶的發明一直認定歸功於倫敦水電工湯姆斯・克拉伯（Thomas Crapper），他在19世紀後期得到了沖刷馬桶U形管系統的專利，還為維多利亞女王安裝過抽

水馬桶。不過。2000年時，中國考古發現在2,000年前的西漢即已有了現代概念的抽水馬桶。

　　法文裡有關「廁所」的用詞不甚統一。如「lavabos」指軍營、學校或旅店的廁所，「lieux d'aisances」指古時「便所」通稱，「cabinets」爲「洗手間」文雅的說法，更委婉還有「petit coin」或「petit endroit」等等。愛美的法國人自古就很注意形象，絕不會在公眾場所化妝或補妝，認爲那是很失禮的舉動。不像很多台灣的仕女大剌剌地就在公車或捷運車上，自顧自地對著眾人或小鏡子「齜牙咧嘴、擠眉弄眼」。1945年法國人終於找到一個最理想的用詞，即「toilettes」（梳妝、打扮），來替代「W-C」（廁所）。不過，「toilette」仍保留原先的用法：「produits de toilette」（化妝品）、「l'eau de toilette」（香水），而非「廁所裡的用水」！

Xénophobie〔瑟諾伏畢〕
排外

　　「排外」（Xénophobie）與「種族歧視」（racisme）二詞幾乎同時出現在19與20世紀之交，是西方民族國家主義熱潮下的一種社會情緒，也幾乎就是兩次世界大戰的「元凶」。「racisme」是歐洲種族優越主義的具體表現，後來也兼具「憎惡」之意。「xénophobie」源於希臘文，較爲含蓄文雅，指「對外來人及事物的恐懼」，就像「對廣場人多之處的恐懼」（agoraphobie）那樣中性。其相對詞爲「xénophilie」（親外；媚外），它和「philanthropie」（愛人類；慈善）同屬「博愛」的境界。另一詞則是「philharmonie」（愛好音樂，簡稱「愛樂」）。

　　過去，「排外」與「種族歧視」盛行於歐洲。二次大戰後，各國極力消弭這種自閉的氣燄，在政治上鼓吹歐洲聯盟，從哲學上探討「他者」（或「異己」），甚至精神分析學上理出：「恐懼」和「憎惡」皆源於自我。總之，愛無國界，恨則自囿。

　　法國基本上以追求「博愛」及「人道」立國，算是一個相當包容外國人的社會，尤其在文藝及思想界。法國境內外國裔人口至少六、七百萬人。以「高盧人」自居的法國人，其祖先三代中真正具有高盧血統者尚不及四分之一。但早期因基督教的深度信仰、盲目的民族主義，加上嫉妒的心理作祟，歷史上的法國人根本無視猶太裔的人權。莫里哀（Molière）最早在戲劇裡醜化猶太人，法國大革命〈人權宣言〉的適用對象並不包括境內四百萬的猶太人。拿破崙也敵視猶太人，稱他們是「下流卑鄙的民族」、「社會裡的鯊魚」。巴爾札克筆下的眾多猶太人依舊是莫里哀的翻版，只有猶太女子被寫得楚楚可憐，或才智雙全。1940年法國投降傀儡政權，還積極配合希特勒，協助緝捕猶太裔公民。直到2007年選出一位匈牙利裔，母親還著有猶太血統的「外國人」薩科奇當總統，法國人才以具體行動凸顯了他們的價值觀。

YSL〔歪艾斯艾勒〕
伊夫・聖羅蘭

　　法國時尚名流伊夫・聖羅蘭（Yves Saint Laurent）創造許多第一：最年輕（21歲）的當家服裝設計師（1958），最早成立時裝成衣（prêt-à-porter）服裝店（1966），最早讓女人穿上透明衣裳（1968），第一個爲戲劇表演量身訂做戲服（1976），第一個收藏全套作品（5,000套服裝、15,000個配件），並擁有專屬的陳列空間……。2002年YSL公司成立40週年，66歲的他宣布退休，法國龐畢度現代藝術中心特別爲他舉辦一場回顧走秀，展出300件代表作。

　　1936年，聖羅蘭出身北非阿爾及利亞殖民地世家，1955年北上巴黎受聘於迪奧（Christian Dior）擔任助手，兩年後迪奧心臟病發猝死，他臨危受命，21歲便接下藝術總監，31歲時被香奈兒認定爲精神上的繼承者。他出神入化地讓全世界的女人穿得既時髦（chic），又優雅（élégant）。法國女人的象徵「瑪麗安」代言人著名影星凱瑟琳・丹妮芙，是他最忠誠的模特兒。他唯一的憾事就是沒能由他發明牛仔褲。

　　1962年，在美國大富豪羅比森（J. Marck Robison）的資金贊助下，他自立門戶，以自己的名字做品牌，從此以洋溢的創意才華、挑戰世俗的大膽作風、掌握時代脈動的精準眼光，成了時尚界呼風喚雨的新教主。1966年推出「左岸」（Rive gauche）品牌高級女性成衣。1977年，推出「鴉片」（Opium）香水，雖然名稱招惹衛道人士批評，但仍一炮而紅，與「香奈兒五號」分庭抗禮。

　　1985年3月，當時的總統密特朗親自在艾麗舍宮頒贈給他「最高騎士勳章」。1989年，他將公司的股票上市，成了時尚界的創舉。2008年6月他歿於巴黎寓所，薩科奇總統親臨追思葬禮，稱讚他說：「時裝界最偉大的一個名字已經消失，聖羅蘭率先將高級時裝提昇到藝術的境界。」他的摯友兼伴侶貝爾杰（Pierre Bergé）說道：「香奈兒帶給女性自由，聖羅蘭賦予女性力量。」

Zut！〔句特〕
呸！見鬼！

「Zut!」可算是法文裡最文雅的「三字經」（mot de 3 lettres），其他的如「cul」（屁股）、「con」（陰戶）。它是個「擬聲字」，原是市集中人的用語，表示「不屑、不悅」，為「foutre」（同英文三字經「Fuck」）的淡化處理。這個粗話還被不少詩人相中，如魏爾倫、韓波（Arthur Rimbaud）等組成「詛咒派」（zutique），開口、作詩不離它。後來亦指對既有政治觀點不屑一顧的人，或指凡事皆不在乎者。不過，到了20世紀氣勢與強度都被「merde」超前了。

當前法文最著名的髒話應屬「merde」（同英文「Shit」，但程度稍弱，用法也比較廣）。此字12世紀即已出現，源自拉丁文「*merda*」，指「糞便」，後來衍生為感嘆詞（糟糕！）、詛咒語（去死！）及髒話（他媽的！）。這個字也表示：毫無用處沒價值的東西、令人厭煩的事物、無法擺脫的困境。動詞「merder」為「失敗」之意，但也有正面意涵，如讚嘆語，以及作為「反語」，意在祝人好運。2004年英國作家克

拉克（Stephen Clarke）寫了一本「戲仿」暢銷作家彼得‧梅爾《山居歲月—普羅旺斯的一年》的挖苦書，書名就叫《*A Year in the Merde*》（巴黎，賽啦！）。書名中譯得有點無厘頭，實在因爲這個「merde」字含意太豐富了。或許，譯成《胡扯淡的巴黎》較接近吧！

　　在許多正經場合，說出此字實在不雅，一般只會含蓄的說：「那個『m』字」、「五字經」或「*le mot de Cambronne*」（或乾脆只說「*Cambronne！*」）。康布博恩（Pierre Cambronne）是拿破崙心腹大將，也是貼身禁衛。滑鐵盧一役，戰至最後方陣，英軍兩度用法語高聲招降，他義氣凜然回絕：「衛士寧死不降！」（*La garde meurt mais ne se rend pas！*）第三次招降時，他氣不過，脫口大聲喊出：「*Merde！*」（他媽的！）此後它便成了法國的「國罵」，雨果還將之寫進《悲慘世界》，稱它是最優美的法文，一旦說出便可從容就義！

〔附 錄〕
你所不知道的法國

　　法國是怎樣的一個國家？很多人都如霧裡看花。法國人又是怎樣的民族？他們理所當然認定你一定會喜歡法國，甚至對於你如此鍾情於法國文化大惑不解，但他們又會盡全力禁止你不喜歡法國。即便他們也批評起自己的國家，但你絕不能接腔應和。因為法國的一切是那麼地美好，每個法國人都是激進的愛國主義者，尤其是對他們的文化。

　　教了近20年的法文，加上留學法國六年，往往身不由己就成了法國文化的代言人。但做了這麼多推廣法蘭西文化的事，法國政府還是一直沒找上門，頒個一二枚騎士勳章的（這個國家挺愛贈勳給別人。孟德斯鳩在《波斯人信札》裡就調侃路易十四，說西班牙自美洲新大陸辛苦運回的白銀都比不上他發送出去的勳章管用）。有時，反而還背負起許多法國人的「原罪」，當中最大的「罪愆」就是：超浪漫的。應酬場合朋友初相識，看到我遞出的名片，第一句話往往是：哦！留法的，很

浪漫喔！但這句話絕不是恭維，至多只是中性用語，說的正是你比較不拘泥小節、不墨守成規。言下之意，還有可能是說你不切實際、異想天開！有時，當你隨興點兒，別人還真會指責你：別把法國那一套帶進來污染我們！

法國人留給外界的刻板印象不外就是「浪漫、不切實際、高傲、固執，又愛爭論」。英國牛津大學資深歷史系教授澤爾汀20年前寫了一本《法國人》，大獲好評，還被譯成法文，封面就是法國的「國禽」，那隻雄糾糾、氣昂昂的大公雞。當然他也已經至少獲頒一枚騎士勳章了。他就說過：所有的人都會喜歡上法國，但就是討厭法國人。這個說法挺矛盾的：你喜歡法國，當然包括它的一切，尤其是它的文化，但又如何能討厭創造這些文化的人呢？日前，學校碩士班招生口試，我問一名考生：為何要研究法國？她說她去法國做了一年的交換生，感覺法國人普遍都很驕傲，很自信。後來發現他們的驕傲來自他們對自己文化的信心。我當下就給她打了滿分！因為不久前我才看了一篇訪問原籍阿根廷的作家比安喬迪（H. Bianciotti）的文章，這位標準的法國迷在法國住了將近半個世紀，認為法國的文化就存在於其文學，又說：法國的實力就是相信自己！

澤爾汀也說：法國不單只是個地理疆界，而更像個概念！

法國人熱衷於追求人類的完美，其實力來自它能邀集全世界的有心人到法國，一起為人類的未來設想。而不像英國，或其他國家，只想著那些適用於自己國情的模式。不過，他也指出，法國是一個既前衛又保守的國家，但卻是一個可以讓人暢所欲言、期待的國家。的確，法國像極了一個有著雙重性格的國家。它既受北方哥特族基督新教嚴謹作風，也受南方地中海天主教文化那種宿命論的雙重影響。法國兩位歷史學家勒布拉（H. Le Bras）、托德（E. Todd）寫道：法國是由許多殊異且矛盾的元素所組成。另一位法國電視文化名人畢佛（B. Pivot）也說：法國人天生愛唱反調；你同意某事，他偏偏反對；等你反對了，他又同意了那個看法。總之，法國人一向自以為是，且好為人師。兩位英國人亞普、賽雷特合寫了一本《如何討厭法國人》，指出：法國人的傲慢之所以為人所容忍，因為它是建立在很高的品味上！

坦白說，法國人好辯，但並不好鬥。譬如：法國街頭上很容易看到肇事車輛的駕駛當街吵得面紅耳赤，但卻絕少演出全武行。再者，外界認為法國人太過情緒化。實則，是他們說話喜歡伴隨著如樂團指揮家那樣激動的手勢，但他們絕少放棄理智，並對別人的觀點視而不見！英國作家路易斯（R. D. Lewis）寫的一本《成功跨文化經營術》如此分析道。法國人一般極重視邏輯，好談抽象。即便在卿卿我我的訴情場合也都

口不離形而上的交流。他們是很不容易被說服，不過，一旦你
點出他的破綻，通常他們不會老羞成怒，也不會錯過對你回以
敬意。總之，和法國人打過照面的人都會有這麼一個印象，那
就是法國人基本上是講禮貌的，不粗魯。即使男女朋友要分
手，也會一起愉快的共進晚餐然後才提出：我們以後不要再見
面了！

　　法國人自詡是人權的鬥士，他們的國家是世界苦難者的收
容所，但卻掩飾不了過去聲名狼藉、惡名昭彰的排外行徑，其
中尤以排斥猶太人最爲惡毒。早期因爲基督教的深度信仰、盲
目的民族主義，加上嫉妒的心理作祟，歷史上的法國人根本無
視猶太裔的人權。莫里哀最早在戲劇裡醜化猶太人如《守財
奴》（1668）、《貴人迷》（1670）。法國大革命〈人權宣
言〉的適用對象並不包括境內400萬的猶太人。拿破崙也敵視
猶太人，稱他們是「下流卑鄙的民族」、「社會裡的鯊魚」，
所以他厲行同化政策，並嚴格監控他們的活動。直到1875年建
立第三共和，法國才算眞正進入現代國家。但巴爾札克筆下的
眾多猶太人依舊是莫里哀的翻版，只有猶太女子被寫得楚楚可
憐，或才智雙全。但旋即於1894年爆發了舉世震驚的「猶太軍
官德雷福斯上校通敵事件」（Affaire Dreyfus），經過長達12年
的對峙和爭吵，而且幾乎動搖了國本。法國社會因這起事件一
分爲二，以左拉和克里蒙梭爲首的知識分子跳出來聲援，指控

政府及國防部顢頇作假。但教會、軍方及保守勢力則力主捍衛法國傳統價值，並指稱，即便犧牲一介猶太軍官又何妨？我們不禁要問：文學家巴爾札克是否助長了這股排猶惡風？

　　二次大戰前，法國排猶聲浪並未退卻，只是德國的希特勒後來居上。由於戰爭的威脅，社會的動盪和激化，猶太人再度成為替罪羔羊。1940年法國投降傀儡政權由貝當主政，還積極配合希特勒，協助緝捕猶太裔公民。據統計，有將近四分之一的法籍猶太人被送進納粹集中營「處理」。戰後法國社會才認罪，透過紀錄片、電影、小說、日記，法國人終於感到愧疚，並逐漸開放接納猶太人。政府也立法加重懲罰排猶暴行，才讓法國的人權形象有所改善。此外，法國在殖民帝國主義時期的暴行也是罄竹難書，其中尤以在阿爾及利亞的強勢統治最令人髮指。一些殘酷的暴行事蹟及照片也都公諸於世，甚至拍成驚悚電影，或者寫進小說裡。直到2007年選出一位匈牙利裔，母親還有著猶太血統的「外國人」薩科奇當總統，法國人才以具體行動改寫了他們的價值觀！

　　歷史上的法國也算不上是仁慈之地、博愛之邦。大革命十年期間的「內戰」死了至少十萬人，當中兩萬人魂喪斷頭台。拿破崙征戰期間死傷又何只千百萬。一次大戰死了150萬。法國還從各殖民地徵召壯丁充軍當炮灰，美其名是「外籍軍

團」。連中華民國政府都支援15萬「華工」參戰，保住性命回國者不及三分之二。巴黎和約期間，還不認同中國參戰，主張轉割讓德國占據的山東給日本！

法國同樣不是一個自由的文明國家。即便已屬行共和，政府對人民的監控仍無所不在。知識分子動輒遭到恐嚇、查禁，或銀鐺入獄。詩人波特萊爾、小說家福樓拜皆有切身之痛。前衛詩人阿波里奈爾因不具法國血統亦橫遭厄運，有人指控他涉嫌偷竊名畫〈蒙娜麗莎〉而入獄服刑。當大戰爆發，他主動請纓，以示熱愛法國，旋即受重傷，不及終戰便一命歸西。此外，法國也是一個警察國家。根據第三共和時期的情報頭子安德里厄（L. Andrieux）的回憶錄所言，某日一位熟識的巴黎名媛問他：難不成你們也做了我的檔案？「是的。夫人，我不想冒犯妳的疑慮；所有關係到巴黎的美麗、優雅、靈氣、它的成長、它的星星，所有巴黎的一切都會有一個檔案！」其中當然包括流亡英國的異議分子雨果，以及驚世駭俗的超現實旗手布勒東。直到1981年密特朗當政，他的政府也公開承認，由情治單所建檔的仍有一萬多人！這些當然不全都是政治人物，或攸關法國安全的人士。

世人都謳歌，20世紀一次大戰爆發前的巴黎是「美好年代」，舉世皆以巴黎馬首是瞻。即便戰後，「一切都發生在巴

黎」。巴黎仍是公認最前衛、最現代的國際都會。但保守的法國勢力仍在處處打壓作梗，他們反對會動搖法國傳統價值的一切事物，並堅守古典主義，它包括：秩序、理性、普遍主義及愛國主義。簡言之，至少在1920年之前，「巴黎不能視為是20世紀初革命新文化的真正發源地。」

總之，法國人可愛之處在於他們可以容忍失敗，「拿破崙和貝當被人們記住的是其英雄事蹟，而不是他們的敗走麥城。」法國是一個不怕犯錯的社會，而且是一個勇於嘗試的開放社會。光憑這一點，就值得我們致上敬意。

（原刊於《中國時報》人間副刊　2008/04/22）

〔後記〕

2016年2月18日。法國駐台代表紀博偉大使（Benoît Guidée）代表法國政府，頒贈了一枚「教育騎士勳章」給本書作者。

法國人的文化煉金術

　　當今之世幾乎已沒有人會去懷疑法國不是個藝術國度、文化之邦。連一向趾高氣揚的美國人，一旦碰到法國人，跟他們談起文化，頓時都會自覺矮了半截。正是因為海內外皆有此共識，遂讓法國人更加堅信自己在文化領域上始終領導全世界。舉凡美術、文學、電影、時尚、餐飲，甚至法語。事實上，他們老早就認定法文乃是當今之世最「清楚、清晰、明確」的語言！但這些看法也不是最近才發生的事，打從300年前啟蒙時期起，那幾位偉大的啟蒙大師便已一再灌輸歷代的法國人這個觀念，即，法國人才是世界上真正開化的人。不過，也提醒法國人，他們的責任就是要去啟迪那些尚未開化的民族。他們嫌英國人沒有文化，瞧不起德國人的文明程度，更厭惡美國人的那種生活方式。等而下之，其他的民族也就甭提了。

　　法國人心中的「文化」顯然不同於其他民族。通常「文化」是指一種社會性的行動理念及文明理念，是一種文明的過程，當然也是一項差異的成果，否則就不會有所謂「法國的」

文化。相較之下，英美社會裡的文化定義就偏向政治與社會領域，尤其是經濟生活及行動方式。因此，最早的「文化工業」批判，正是衝著美式的資本主義消費社會而發的。至於德國人的文化定義，指的則是個人的教養、思辨及觀念，他們尤其將之與「社會」畫清界線，以至於常常被法國人譏諷為「那個出了幾個偉大哲學家和音樂家的野蠻國家！」

　　法國人一向以胸有點墨為榮（請注意：它與「以胸無點墨為恥」在境界上有所不同，後者通常是落後者一種不得不為之的無奈心態）。每個法國人生下來就會被教養成求知若渴，他們積極規畫以便吸收各種新知，並以此為其人生最大目標（台灣人大概只對財富和知名度感興趣）。他們會設法讓自己的每一天都過得不同凡響，並且充滿藝術氣息，舉凡工作、學習、散步、或泡咖啡館。全世界也只有法國人，會樂意犧牲周五夜晚守在電視機前，觀看某個熱門的讀書書評節目。而且也只有在法國，才會讓人們驚訝地發現，連請到家中修繕的水電工都可以熱烈地跟你討論伏爾泰的觀點！因為在這個國度裡幾乎人人都是哲學家。換個說法，當今在法國一共住了6,100萬位哲學家！這句話未免誇張了些，卻是相當普遍的現象。因為在法國居住碰到「哲學家」的機率是相當高的！

　　說法國人「排外」，似乎言過其實了些，或者根本未認清

法國文化。法國境內外國裔人口至少六、七百萬人。再者，以
「高盧人」自居的法國人，其祖先三代中真正具有高盧血統者
尚不及四分之一。法國算是一個相當能包容外國人的社會，尤
其在文藝及思想界。他們有來自英國的勞倫斯，有來自愛爾蘭
的喬伊斯及貝克特，有來自德國的海涅，有來自美國的史坦恩
及海明威，有來自西班牙的畢卡索和達利，有來自義大利的卡
爾維諾、尤蒙頓和皮雅芙……等等，甚至還有來自遙遠東方的
趙無極、程抱一、高行健等人。法國人所真正排斥的，是那些
胸無點墨，沒有半點文化，又不會說法語的外國人！

　　除了擅於吸納來自各國的文化人才外，法國文化的一大特
色，便是樂於接受外來文化，且兼容並蓄。以法國文學為例，
義大利的但丁影響到16世紀拉伯雷的創作，西班牙的流浪漢文
學影響到啟蒙時期的哲理小說，莫里哀的戲劇裡有濃郁的西班
牙情調，莎士比亞、司各特、愛倫坡，甚至歌德都成了法國的
「域外作家」，浪漫主義來自德國，現代主義受到奧地利卡夫
卡及佛洛依德的啟發……。以近代法國最亮眼的繪畫為例，印
象派的靈感來自日本的浮世繪風格。再者，20世紀前期所有的
前衛畫派幾乎都有外籍藝術家的身影。反之，也幾乎沒有哪一
位國際級的畫家沒受到巴黎畫風的啟迪或浸禮。同樣的情況也
發生在時尚界。

餐飲和電影算是法蘭西成份較高的項目。但早年法國的餐飲受惠於義大利，近期日本料理則直接影響到法國的「新餐飲」。至於「新潮」電影也嗅得出義大利及俄國新藝術電影的味道。法國哲學又何嘗不是如此。笛卡兒從英國的唯物論裡歸納出實踐哲學，並成了現代哲學之父，影響到一整代的德國古典派哲學家。之後，德國唯心派哲學家又影響到下一代的法國哲學家；胡塞爾之於沙特的存在主義，尼采之於德希達的解構主義及李歐塔的後現代。然後，三位主張「差異」的法國哲學家：傅柯、德勒茲、德希達，又躍升為當代大師，繼續統領著21世紀的人文思潮。

法國文化的另一項特色為樂於創新及高度尊重創意。在只會偶爾放晴的巴黎塞納河畔開闢沙灘，看來只能算是雕蟲小技。百餘年前，法國舉辦世界博覽會，為了讓國旗能插在最高處，便蓋了一座艾菲爾鐵塔。如今它已成了法國及巴黎的地標及註冊商標。同樣，為解決葡萄酒生產過剩問題，乾脆添加催化劑將之釀成「新酒」，於是「薄酒萊」風靡全球，尤其將「哈法」不遺餘力的德國人及日本人灌得服服貼貼的。為了阻擋英文及美式大眾文化的長驅直入，便結合了全世界56個法語國家組成「法語區國際組織」，每年3月20日發起「法語日」活動。去年就有120個國家跟進（台灣也包括在內），端出超過1,000項的推廣活動。這類把創意做活做大的活動，還包括

每年秋季的讀書節及春季的詩人節。讓我們欽羨的是，只要你是法國人，又胸有點墨，便能領著公帑飛到世界各地作秀，並被奉爲上賓。

法國人的創意當然不止於此。想到自行車競賽，必定是6月底法國那場環法自行車大賽。想到服裝走秀，也必然以每年春秋兩季巴黎的服裝秀馬首是瞻。想到電影，任誰也不會略過每年5月的坎城影展。此外，法國還有許多全世界頂級的博物館及美術館，且全國的家數早已超過4,000大關！另外，就是源源不斷如朝聖信徒般湧入的觀光客，去年一整年已超過7,000萬人次，遠遠超過這個家的總人口數。這些觀光客幾乎都十分慷慨的奉獻他們的外匯，他們更是法國文化的最大消費群及見證，而且經常就是法國文化的最佳代言人！

法國人在文化上的天份，在於能巧妙地將豐沛的傳統文化資源，加入天眞浪漫的創意。1976年石油危機之際，新上任的總理巴赫主打了一句名言：「我們法國沒有石油，卻有許多點子！」儘管在廁所大字報上被篡改爲「我們法國沒有石油，卻有許多阿拉伯人！」不過，這的確是法國精神的眞實寫照。但難免也有「凸鎚」的時候，當時法國上下想石油想瘋了，連季斯卡總統都輕信一群說客的遊說，說他們已經研發出一種可偵測出地底石油的飛機，並且發現大巴黎區地層底下正蘊藏豐富

的油礦……。這就是讓這位總統不斷被調侃的「有嗅覺的飛機事件」。

法國人提昇自己成為文化之邦，除擁有豐沛文化資源及創意外，國內凝聚極高的「文化共識」為關鍵因素，尤其法國政府時刻以讓人民享有高水準的文化為己任的施政態度，即，不分左右政治立場，戮力在「拼文化」。因而能在不同時期推出許多靈巧的行政配套與建制，並能充分掌握「文化」的時代議題。譬如：最早設立文化部、最早提議文化應與經濟結合，以及堅持「文化例外」（即文化不應視為單純的商品，不應受世貿組織公平競爭原則的限制）。

法國的文化煉金術就是擅於形塑其形象，當中泰半是多虧國際「哈法族」的追認及加持。譬如：將啟蒙思想與血腥的大革命結合，讓法國成了堅持普世原則的拯救者；透過「博愛」的訴求，讓法國成了人道主義的代言人；以及帶頭對抗英美的新霸權主義，讓自己成為另類的「世界共主」、「多元文化」的旗手……等等。總之，法國活像個「文化」的大熔爐，也是創意之邦，它永遠向全世界胸有點墨的人士招手！

（原刊於《中國時報》人間副刊　2005/03/19）

索　引

世界之用
（法語系旅行文學巔峰傑作）

作者　尼可拉・布維耶（Nicolas Bouvier）
定價　580元

若一生只能讀一本遊記，那就是它了！
☆旅行文學巔峰傑作☆

歐洲人人必讀的經典遊記　華文書市的夢幻遺珠
• 與普魯斯特《追憶似水年華》、卡繆《異鄉人》、尤瑟娜《哈德良回憶錄》等
　名著並列的法語經典
• 內容〈獅子與太陽〉曾獲選法國高等教師資格會考（agrégation）法國現代文學
　考試指定讀本

一九五三年夏天，一位早已遍遊歐洲、非洲各地的二十四歲瑞士年輕人，坐進
了一台飛雅特汽車，從日內瓦浩蕩出發。這次，他的目標更遠：土耳其、伊
朗、喀布爾，乃至印度邊界。他便是本書作者尼可拉・布維耶。這趟前後為時
一年半的天涯行腳，布維耶並非孤身獨往，他的朋友提耶里・維爾內隨他一同
上路，以質樸插圖及黑白速寫捕捉當下靈光，搭配布維耶令人目眩神迷的文字
魔法，於是，就在兩人壯遊歸來十年後，一本旅行寫作的傳奇「聖典」誕生
了，從此將遊記昇華至純文學的高壇。布維耶的《世界之用》以細緻而富有
「即時感」的微觀筆觸、風俗考察與旅行哲學交錯互生的幽默底氣、文采亮麗
絢色卻不致流於賣弄的精準合度，寫盡了聲響、氣味、光影、儀俗、面容，滿
滿都是驛旅之心的純粹能量，成就一部叩問旅行終極本質的不朽逸品，啟發了
數十年來成千上萬的浪遊者與背包客。這本歐陸旅者人人必備的永恆心頭好，
「就像一道水流，將從你身上穿過，把它的顏色借給你。然後水退去，人留在
原地」。但一切都將從此不同，因為你不會甘於留在原地，你一定會出發，在
路上，準備以足為度，「使用」這個世界。

巴黎侍者
城市黑暗中心的冒險，
一位年輕作家眼中的底層巴黎

作者　艾德華・奇索姆（Edward Chisholm）
定價　499元

在巴黎，每位服務生都是作家

★★★★亞馬遜書店4.3顆星暢銷書★★★★
◢英國女演員暨《王冠》、《花樣女子》製作人艾莫芮德・芬諾盛情推薦◣

▌那些讀過海明威《流動的饗宴》、喬治歐威爾《巴黎倫敦落魄記》、保羅奧斯特《失意錄》的年輕作家，當他們懷揣夢想、離鄉背井來到心中的聖地，他們是否準備好要體驗真正的巴黎？

以前所未見的視角，勾勒出一幅陰暗卻又溫暖的巴黎浮世繪

艾德華講述了自己在巴黎餐酒館擔任服務生的體驗，帶領我們深入世界上最具標誌性的城市，直入其輝煌的腹地。當時他生活在一個下班後只能筋疲力盡地泡在酒吧的世界；靠著咖啡、麵包、香菸勉強度日；在虐待狂經理手下工作，只為賺取微薄工資，甚至得與同事爭奪小費。而所謂的同事——小偷、自戀狂、退伍軍人、非法移民、幻想成名在望的演員、毒販——他們都是你最接近家人的人。而這些可憐或可恨之人，在艾德華筆下都變得立體，有自己的生命，也有展露可愛之時。

《巴黎侍者》不僅僅是作者個人的經歷，也是整整一代人的故事。

國家圖書館出版品預行編目（CIP）資料

法國製造：法國文化關鍵詞100 = Made in France /
吳錫德著. -- 三版. -- 臺北市：麥田出版：英屬蓋曼
群島商家庭傳媒股份有限公司城邦分公司發行，
2024.03
　　面；　公分
ISBN 978-626-310-639-0（平裝）
1.CST: 文化　2.CST: 關鍵詞　3.CST: 法國
742.304　　　　　　　　　　　　　113000636

法國製造：法國文化關鍵詞100
Made in France : French Culture Keywords 100

作者	吳錫德
責任編輯	官子程、林虹汝（三版）
封面設計	覓蠹設計室　廖勁智
插畫	agnes
印刷	前進彩藝有限公司
排版	李秀菊
國際版權	吳玲緯、楊靜
行銷	闕志勳、吳宇軒、余一霞
業務	李再星、李振東、陳美燕
總編輯	劉麗真
事業群總經理	謝至平
發行人	何飛鵬
出版	麥田出版
	台北市南港區昆陽街16號4樓
	電話：886-2-2500-0888　傳眞：886-2-2500-1951
發行	英屬蓋曼群島商家庭傳媒股份有限公司城邦分公司
	台北市南港區昆陽街16號8樓
	客服專線：02-25007718；02-25007719
	24小時傳眞專線：02-25001990；02-25001991
	服務時間：週一至週五上午09:30-12:00；下午13:30-17:00
	劃撥帳號：19863813　戶名：書虫股份有限公司
	讀者服務信箱：service@readingclub.com.tw
	城邦網址：http://www.cite.com.tw
香港發行所	城邦（香港）出版集團有限公司
	香港九龍土瓜灣土瓜灣道86號順聯工業大廈6樓A室
	電話：852-25086231　傳眞：852-25789337
	電子信箱：hkcite@biznetvigator.com
馬新發行所	城邦（馬新）出版集團
	Cite（M）Sdn. Bhd.（458372U）
	41, Jalan Radin Anum, Bandar Baru Seri Petaling, 57000 Kuala Lumpur, Malaysia.
	電話：+6(03)-90563833　傳眞：+6(03)-90576622　電子信箱：services@cite.my

初版一刷	2006年3月
二版一刷	2010年1月
三版一刷	2024年5月

ISBN　978-626-310-639-0（紙本書）
ESBN　978-626-310-637-6（EPUB）

城邦讀書花園
www.cite.com.tw
書店網址：www.cite.com.tw